KB117633

최상위 부자가 돈을 대하는 6가지 태도

돈의 감정

최상위 부자가 돈을 대하는 6가지 태도

돈의 감정

TREAT YOUR MONEY
LIKE YOUR LOVER

이보네 젠 지음
조율리 옮김

[참고문헌]

원서의 주는 *로 표기했으며 그 내용은 아래에 밝혀둔다.

40쪽 https://science.sciencemag.org/content/355/6331/1299

52쪽 하이델베르크 대학병원 심리사회의학센터의 카렌 코허샤이드(Karen Kocherscheidt)
      심리치료사와의 인터뷰, 학술 주간지 〈차이트 비센(Zeit Wissen)〉

66쪽 『긍정의 뇌 : 하버드대 뇌과학자의 뇌졸중 체험기』(2010, 윌북)

"돈을 손에 쥐었을 때 기억나? 이 돈으로 뭘 해야 할지도 모르겠고 어떻게 써야겠다는 계획도 전혀 없었던 그 순간 말이야."

"한마디로 돈에 어떤 기대도 없었던 때를 말하는 거지?"

"맞아. 우리는 그 순간을 잊어서는 안 돼. 모든 관계가 그렇듯이 지나친 기대를 걸면 관계가 뒤틀리기 시작하거든."

돈을 대하는 태도가 인생을 결정한다

2010년 1월, 나는 원하던 모든 걸 가지고 있었다. 꿈에 그리던 일을 하고 있었고, 이상형인 남자와 결혼했고, 눈에 넣어도 아프지 않은 강아지와 동화 속에 나올 법한 집에 살고 있었다.

한편으로는 원하지 않았던 것도 있었다. 갚아야 할 대출금이 있었고, 상담료를 계속 밀리던 내담자와 소득세 2,450만 원이 추가로 부과된 세금고지서도 있었다.

사람들은 모두 내가 꿈에 그리던 일을 하면서 남편과 동화 속에 나올 법한 집에서 사는 줄로만 알았지만 사실은 마이너스 통장과 상담료를 밀리는 내담자에 시달리고 있을 줄은 그 누구도 알지 못했다.

그때 당시 나는 상환 기한이 끝나가는 대출금을 갚을 생각에 어깨가 으쓱했다. 얼마 남지 않은 대출금을 갚으며 상환기간을 좀 더 연장하기 위해 은행에 전화를 거는 순간, 뜻밖의 소식을 듣게 되었다.

"죄송하지만 대출 상환 기한 연장은 어렵겠네요."

4주 전, 은행은 신용 대출을 막아버렸다. 당시 나는 정말 어떻게 해야 할지 몰랐다.

은행에서는 서류를 훑어본 후 프리랜서라는 직업적인 특성상 불규칙적인 수입 때문에 내가 대출금을 안정적으로 상환할 능력이 없다고 판단했다. 남편과 강아지와 함께 길거리에 나앉을 거라는 두려움이 엄습했다.

하지만 예상치 못한 방법으로 위기를 빠져나올 수 있었다. 어느 날 지인이 참고해 보라며 한 홈페이지의 링크를 보냈다. 정확히 내용은 기억나지 않지만 어떤 도표였다. 홈페이지에는 미국의 머니 코치 메도우 데보어Meadow DeVor의 링크가 있었고, 그 링크는 내 인생을 바꿔 놓았다. 그녀는 난생처음 듣는 이야기를 하고 있었다. 나는 곧바로 메도우 데보어의 홈페이지에 접속해 전자책을 내려받아 읽기 시작했다.

완전히 내 이야기였다. 그녀는 나보다 더 많은 5억 6,000만 원의 빚을 지고 한때 돈 때문에 어려운 상황에 처해 있었다.

몇 년 동안 나는 아주 많은 수입을 올렸지만 나도 모르는 사이 돈은 줄줄 새 나가고 있었다. 분명 돈을 많이 벌었는데 왜 매월 말일만 되면 돈이 없을까? 돈 문제는 합리적인 사고를 통해 해결할 수 있는 게 아니다. 근본적으로 돈에 대한 감정을 이해하고 바꿔야만 해결할 수 있다.

곧바로 메도우 데보어의 강좌를 예약했고, 1:1 코칭을 받은 후 6개월 만에 문제의 해결책을 찾았다.

- 돈을 마련할 시간을 벌기 위해 세무사와 함께 머리를 맞대고 세무서가 청구한 금액 중 일부의 상환을 유예하는 방법을 찾아냈다.
- 지인에게 급한 대로 돈을 빌려 남은 대출금을 상환했고, 이 과정을 통해 돈에 대한 생각을 완전히 바꿨다.
- 6개월 후 지인에게 빌린 돈은 원금에다 이자까지 쳐서 갚았다. 사실 원금만 달라고 했지만, 이자까지 꼬박 쳐서 주었다.

10개월 후, 세무서에서 청구한 금액 중 일부인 950만 원을 어려움 없이 낼 수 있었고, 방금 로또에 당첨된 것처럼 활짝 웃으며 은행에서 당당히 걸어 나왔다. 그 이후 한시도 돈 관리를 소홀히 하지 않았다. 메도우 데보어의 머니 코치 과정을 밟은 후 브룩 카스틸로Brooke Castillo, 마사 벡Martha Beck, 바이런 케이티Byron Katie, 니콜 비어크홀저Nicole Birkholzer, 코엘레 심슨Koelle Simpson의 코칭 심화 과정을 수료하였고, 여러 강좌와 워크숍에 참여했으며 책을 읽었다. 그리고 사람들이 돈 때문에 인생의 곤란을 겪지

돈의 감정

않고, 돈과의 관계를 개선할 수 있도록 돕기 위해 머니 코치가 되었다.

현재 머니 코칭 프로그램은 2014년 베를린 국제 콘퍼런스 강연을 바탕으로 한다. 영어로 했던 강연의 제목은 바로 '연인 대하듯 돈을 대하라'였다. 강연은 일련의 워크숍으로 이어졌고 워크숍은 큰 호응을 얻었다. 그리고 마침내 이 책을 출간하게 되었다.

머니 코치로 활동하면서 워크숍, 세미나 그리고 1:1 코칭에서 수백 명의 사람을 만났고, 이들은 돈을 어떻게 모으고, 현명하게 써야 할지 알게 되었다. 그리고 돈에 대한 막연한 두려움을 해소하고 돈이 주는 즐거움을 발견함으로써 인생을 완전히 바꾸었다. 이 과정을 통해 나 역시 완전히 다른 사람이 되었다. 자신을 돌아보고 무엇을 좋아하고, 무엇을 원하는지, 앞으로 어떻게 살고 싶은지 인생에 대해 진지하게 생각해 보는 시간을 갖게 되었다. 왜냐하면 돈과 나와의 관계는 언제나 나 자신과의 관계를 반영하기 때문이다. 돈은 나의 과거, 현재, 미래를 정직하게 보여주는 내 인생의 거울과 같다. 돈과의 관계를 개선한다면 나 자신과의 관계를 개선할 수 있고, 나아가 삶을 보다 나은 방향으로 일구어 나갈 수 있다.

몇 년 전, 머니 코치 일을 시작한 지 얼마 되지 않았을 때 나를 찾아온 내담자는 이렇게 말했다. "코치님과 함께 마음속을 깊이 들여다보니, 제가 생각했던 것만큼 절망적인 상황은 아니네요."

　독자들도 이 책의 도움을 받아 마음속 깊은 곳을 들여다볼 용기를 얻길 바란다. 생각보다 어렵지 않고 즐거운 과정이라는 걸 알게 될 것이다.

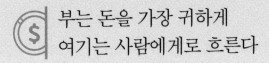

부는 돈을 가장 귀하게 여기는 사람에게로 흐른다

나 자신을 대하듯 돈을 대하라

돈을 사랑하는 연인 또는 동반자처럼 생각해 본 적이 있는가? 아니면 돈이 곧 나라고 생각해 본 적은 있는가? 아마도 대부분 이렇게 생각해 본 적이 전혀 없을 것이다. 왜냐하면 터무니없는 소리로 들릴 수 있기 때문이다.

나는 지난 10년간 독일에서 아르바이트생, 프리랜서, 회사원부터 백만장자까지 다양한 내담자를 만나며 금전적인 문제뿐 아니라 근본적인 삶의 문제까지 해결해 주고 있는 자산관리 전문가이자 라이프코치로 활동하고 있다. 이 일을 하면서 나는 돈을 못 벌거나, 돈을 벌어도 잘 모으지 못하고, 큰 부를 만들지 못하는 사람들에게 마음의 장벽이 있다는 사실을 깨달았다. 그들은 돈을 소중히 여기지 않고 함부로 대하며 특히 자기 자신의 가치를 제대로 보지 못한 채 인생을 허비했다. 자기 의심과 낮은 자존감, 삶에 대한 온갖 불평과 불만을 잔뜩 안은 채 돈은 잘 벌고 싶고 부자가 되고 싶다는 말만 되풀이할 뿐 행동은 전혀 개선하지 않고 있었다.

이 말을 하는 나 역시 자산관리 전문가로 활동하기 전엔 돈을 짝사랑하는 사람처럼 대했다. 돈의 진짜 마음을 잘 모르면서 일방적으로 잘 보이기 위해, 인정받기 위해 노력했고 최대한 욕심을 버린다는 말만 할 뿐 돈의 사랑을 쟁취하기 위해 갈구했다. 돈이 나에게 이런 식으로 해달라고 부탁하지 않았지만, 나는 나만의 생각에 빠져 허우적댔다. 돈과의 관계는 오히려 구렁텅이에 빠졌다.

빚을 갚고 경제적 위기에서 빠져나온 다음 나는 돈과 더 나은 관계를 모색하기 시작했다. 그리고 이제까지 했던 돈에 대한 접근법에 의문이 생겼다. 크게 바라지 않고 상대방에게 필요한 존재가 될 때만 사랑을 받을 자격이 있는 걸까? 나에겐 남들보다 어떤 뛰어난 자질이 있을까? 그리고 마지막으로 나는 누구이고, 어떤 사람이 되고 싶은가? 나 자신에게 이런 질문을 하면서 돈을 대하는 태도의 중요성을 깨달았다.

'나 자신과의 관계, 그리고 돈과의 관계를 밝고, 긍정적이게 하려면 자기 자신이나 사랑하는 사람에게 하듯 돈을 깊고 친밀하고 사랑이 넘치게 대해야 한다.'

최상위 부자가 돈을 대하는 6가지 태도

앞서 깨달은 바를 바탕으로 나는 사람들이 자아상을 변화시키고 돈과의 관계를 긍정적으로 바꿀 수 있는 개념을 개발했다.

바로 존중Respect, 공감Empathy, 사랑Love, 관심Attention, 가까워지기Touch, 실험 정신Experiment이라는 여섯 가지 요소가 긍정적이고 깊은 관계의 기초가 된다는 걸 알게 되었다.

첫 글자를 조합하면 '연결하다'RELATE라는 단어가 된다. 6가지 태도가 관계를 연결한다는 점에서 이보다 적절한 단어는 없다. 이 요소는 사람 사이의 좋은 관계를 유지할 뿐만 아니라 무엇보다도 나 자신과의 관계, 그리고 돈과의 관계에서 중요한 역할을 한다. 이는 내가 만났던 수많은 백만장자에게서 발견한 공통점이기도 하다. 부자는 마치 자기 자신을 대하듯 돈을 아끼고 소중하게 여긴다. 그들은 잔돈도 허투루 쓰지 않으며, 이를 큰 기회로 만들어 줄 훌륭한 인생의 디딤돌로 여긴다.

나를 감춘 가면을 벗을 때 돈도 나에게 솔직해진다!

돈에 대한 고민을 해결하는 건 생각보다 어렵지 않다. 돈을 알기 전에 나 자신부터 파악해보라. 모든 문제를 야기하는 마음의 문제부터 치유해야 돈 때문에 엉켜있던 삶의 실타래가 쉽게 풀린다. 왜냐하면 돈과 나와의 관계는 언제나 나 자신과의 관계를 반영하는 과거, 현재, 미래의 거울이기 때문이다. 나를 감춘 가면을 벗을 때 돈도 나에게 솔직해진다. 이 관계를 개선해야 돈과의 관계도 풀리고 나아가 삶을 보다 나은 방향으로 일구어 갈 수 있다.

이 책에서는 최상위 부자들이 돈을 대하는 6가지 태도를 자세히 살펴볼 것이다. 또한 생생한 코칭 사례와 탄탄한 심리학 이론을 바탕으로 내가 누구인지 다시 한번 알게 되는 인생의 전환점을 맞게 해줄 것이다. 더불어 돈은 내가 나 자신과 관계를 맺고 자신을 대하듯 귀하고 소중하게 여기면 자연스럽게 따라온다는 삶의 중요한 가르침을 알려줄 것이다. 여타 재테크 책과 이 책이 다른 점은 바로 여기에 있다.

당신의 무의식에 깔려있는 돈에 대한 막연한 두려움, 불안감, 미움, 허탈감, 패배감 같은 부정적 감정을 해소하고 돈을 대하는 기쁨을 발견해보라. 이미 수많은 사람들이 이 과정을 통해 돈 때문에 상처받은 마음을 치유하고 돈을 좇는 치열한 삶에서 벗어나 여유와 기쁨이 넘치는 인생을 누리는 마법 같은 기적을 만났다.

여러분이 이 책을 통해 돈과 새롭게 시작하는 모험을 하게 되어 기쁘다. 이 여정이 즐거웠으면 하는 바람이다. 이제 돈을 거울삼아 자신의 가능성을 멋지게 펼쳐보라. 돈이 내 삶을 관통하는 좋은 에너지가 되면 당신은 어떤 상황에서도 결코 흔들리지 않는 인생의 주인으로 우뚝 설 수 있다. 지금 이 선택을 결코 후

돈의 감정

회하지 않을 것이다!

| 목 차 |

7 장 | 실험 정신 • 삶의 즐거움을 발견하는 과정

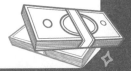

[머니코칭]
몸과 마음의 소리에
귀를 기울여라

돈과 좋은 관계를 유지하는 게 왜 중요할까

생각은 몸에 도달하기 전까지 소리에 불과하다

'그때 그렇게 했어야 했는데….'라고 지난 일을 돌이키며 후회를 안 해본 사람은 없을 것이다. 바로 이런 생각이 소리에 해당한다. 머리로는 무언가를 바꿔야 한다는 걸 알고 있지만, 생각은 몸과 마음에 도달하지 못했다. 하지만 삶에서 무언가를 변화시키려면 바꾸고 싶은 게 무엇인지, 그리고 마음이 원하는 게 무엇인지를 잘 알아야 한다. 한마디로 몸과 마음의 소리에 귀를 기울여야 한다는 말이다. 따라서 이 책에서는 감정과 그에 따른 정서를 다룰 것이다.

문제를 해결하려면 사실에 근거하여 이성적으로 생각해야 한다는 조언을 귀에 박히도록 들은 사람은 이 말이 얼핏 이상하고 느낄지도 모른다. 하지만 솔직하게 말해보자. 이런 이성적인 접근법이 지금까지 얼마나 효과가 있었는가? 나는 대학에서 경

돈의 감정

영학을 전공하고 재무와 회계를 공부했지만, 경영학은 돈 관리에 큰 도움이 되지 않았다. 물론, 이론적으로는 어떻게 해야 하는지 알고 있다.

하지만 실전과 이론은 별개다. 돈 관리는 순전히 숫자 계산으로만 끝나는 문제가 아니기 때문이다. 의식주같은 기본적인 욕구가 충족되는 순간부터 돈 문제는 이성적인 문제가 아닌 감정적인 문제가 된다.

물론 자산관리를 위해서는 버는 돈 보다 쓰는 돈이 적어야 한다는 건 사실이다. 논리적으로 생각하면 맞지만, 감정적으로 생각해 보면 틀리다. 머리로 마음의 문제를 해결할 수 없듯, 감정의 문제는 감정으로 해결해야 한다. 즉, 머리가 아니라 몸으로 해결해야 한다. 그래서 이 책에 머리와 몸을 쓰는 각각의 코칭 프로그램을 골고루 담았다. 문제의 원인을 알아야 현재 상황을 바꾸는 해결책을 찾을 수 있기 때문이다.

돈에 솔직해져라

돈은 삶의 중요한 부분이다. 돈을 관리하지 않으면 신경 써야 할 일이 많아진다. 돈을 관리하지 않는 건 고속도로 옆에 있는 아파트에서 사는 상황과 비슷하다. 살다 보면 소음에 적응되어 차 소리가 들리지 않는 것 같지만 사실 소음은 내 옆에서 계속 발생하고 있다. 돈을 관리하지 않으면 몸과 마음, 그리고 영

혼에 소음이 발생한다. 요즘 시각에서 보면 죽기 전까지 관리할 수 있는 두 가지는 바로 내 몸과 돈이다. 두렵고 스트레스를 주는 사람보다는 내가 좋아하는 사람과 인생을 함께 하는 것이 훨씬 좋지 않을까?

돈에 관한 유명한 속담이 있다. '돈이 있는 사람은 돈 이야기를 꺼내지 않는다.' 즉, 세상에는 돈보다 흥미로운 이야깃거리가 많다는 뜻이고, 돈이 많으면 굳이 돈을 자랑할 필요가 없다는 말이다. 하지만 이 속담을 곧이곧대로 받아들인 나라는 아마 전 세계에서 독일 밖에 없을 것이다. 독일에서는 돈 이야기를 겉으로 하지 않는다. 부모님과도, 자녀나 친구와도, 심지어 배우자와도 하지 않는다. 통장잔고가 바닥나거나 갑자기 돈을 많이 벌어도 전혀 내색하지 않고 돈 이야기를 꼭 해야하는 순간에도 말을 아낀다. 이런 태도가 돈을 끌어당기는데 정말 도움이 될까?

이 책에서 우리는 돈을 어떻게 다루어야 하는지, 그리고 자기 자신과의 관계를 넘어 타인과의 관계가 돈 관리에 어떤 영향을 미치는지 배울 것이다. 자산을 현명하게 관리하는 법을 배울수록 돈은 '악의 근원'이 아니라는 사실을 알게 될 것이다. 또한 돈과 나의 관계는 나 자신과의 관계를 반영한다는 걸 깨닫게 될 것이다. 돈이 많다고 무조건 행복해지는 건 아니지만, 돈이 없으면 불행해질 확률이 높다. 돈을 현명하게 다루어 더 행복하고 풍요로운 삶으로 가는 첫걸음을 떼어보자.

2장

[존중]
돈은 모든 관계를
비추는 완벽한 거울

나를 존중해야
돈도 나를 존중한다

진짜 문제는 돈이 아니다

　돈과 좋은 관계를 유지하는 데 필요한 첫 번째 요소는 존중이다. 관계에서 서로를 존중하지 않으면 깊은 인연을 맺을 수 없다. 배우자가 아무리 완벽하더라도 서로 존중하지 않고 무시하면 좋은 관계를 오래 유지하지 못한다. 각자 삶의 원칙, 좋아하는 것, 꿈과 계획 등을 존중해야 한다.

　그렇다면 관계에서 존중은 어떤 모습으로 나타날까?

　내 친구의 일화는 연인 관계에서 존중의 개념을 설명하기에 아주 좋은 예다. 내 친구는 몇 년째 채식주의자다. 고기를 좋아하지 않을 뿐만 아니라 한 끼 식사를 위한 동물살생을 원치 않아 채식주의자가 됐다. 어느 날 그녀는 육식을 즐기고, 사냥도 열정적으로 좋아하는 남자를 만나 사랑에 빠졌다. 남자는 사냥 시즌에는 주말마다 총을 들고 숲으로 갔다.

　　　　　　　　　　　　　　　　　　　　　　　　돈의 감정

이 관계에서 중요한 사실은 남자가 여자친구에게 육식을 강요하지 않는다는 점이다. 남자는 여자에게 직접 만들어 구운 소시지를 먹어보라고 하거나, 사냥을 좋아하게 하려고 애쓰지 않았다. 이게 바로 상호 존중이다.

위에서 언급한 바와 같이 관계에서 나 자신을 존중하는 것도 존중의 범위에 속한다. 친구는 다음과 같은 방식으로 자기 자신을 향한 존중을 드러냈다. 친구는 남자친구가 사냥을 하고 돌아왔을 때 아드레날린이 넘쳐 주말 사냥이 어땠는지 절절히 말하고 싶은 눈치였다. 하지만 친구는 이런 이야기를 몇 시간 동안 들어 줄 자신이 없었다. 그래서 친구는 남자친구에게 이렇게 말했다.

"내가 얼마나 자기를 사랑하는지 알지? 이번 주말 동안 있었던 일을 나에게 말해주고 싶은 마음도 알아. 하지만 나는 사냥 이야기를 듣는 건 불편해. 자기가 사냥 끝나고 집에 돌아오면 10분 동안만 이야기를 들어줄게. 단, 피가 나오는 이야기는 안 돼." 이게 바로 관계에서 상호존중하는 방법이다. 즉, 무엇을 할 수 있고, 무엇을 할 수 없는지 아주 명확하게 말하는 것이다.

자신의 가치를 함부로 폄하하지 마라

특히 여성들은 예전부터 자신보다 타인을 우선시하고 배려하라는 세뇌교육을 받아왔다. 여성이 타인보다 자신을 앞세우게 되면 '이기적이다, 새침하다, 기가 세다' 등의 꼬리표가 붙어 다닌다. 하지만 자기 자신을 존중하지 않거나, 좋은 대우를 받을 자격이 없다고 믿는다면 재정적 문제에 시달릴 가능성이 크다.

대부분 내담자는 '돈이 없어서' 나를 찾아온다. 그러나 문제는 돈이 아니다. 진정한 문제는 자기 자신을 존중하지 않는데 있다. 자신의 기술, 재능, 성격, 업무 능력을 가치있게 여기지 않기 때문에 자신이 하는 일에 너무 낮은 작업단가를 적용한다.

돈은 자신의 가치를 측정하는 객관적인 수단이다. 돈은 내가 어디에서 실패하고 성공하는지, 무엇을 두려워하고 사랑하는지를 정확하게 보여준다.

돈의 감정

당신이 머무는 공간을 보면
돈을 대하는 태도가 보인다

시각화 연습하기

자신이 머물러 있는 집, 사무실 등의 주변 환경은 돈과의 관계를 고스란히 반영한다. 돈을 관리하는 장소인 집은 어떤 모습을 하고 있는가?

내가 경제적인 어려움을 겪을 당시, 집에는 청구서가 산더미처럼 여기저기 쌓여 있었고, 이메일에는 확인하지 않은 입출금 명세서로 넘쳐났으며, 중요한 세금 서류는 서랍에 처박혀 있었다. 일상의 중요한 부분도 정리하지 않아 형편없었고 돈을 존중하는 모습은 어디에도 보이지 않았다.

다음 시각화 연습을 통해 나 자신과 돈을 존중하는 태도가 어떤 건지 살펴보자.

'눈을 감으십시오. 돈이 당신의 친구라고 상상해 보십시오.

돈은 가장 친한 친구이자 동료이고 인생의 파트너입니다. 친구가 집으로 찾아옵니다. 당신은 친구와 함께 앉아서 돈을 관리하고 청구서를 보고 돈을 입금합니다. 지금 이 장소에서 어떤 느낌이 드나요? 밝고 아늑한가요? 어둡고 비좁은가요? 친구와는 어떤가요? 친구가 조금만 더 머물렀으면 하나요, 아니면 금방 떠났으면 하나요?'

이제 다시 눈을 떠보자. 현재 돈을 아끼는 마음과 돈을 손에 쥐었을 때 느끼는 즐거움만큼 친구를 중요하게 여기고 즐겁게 해준다면 얼마나 자주 놀러 올까?

지금 '젠장, 지금 당장 집을 정리해야겠다.'라는 생각이 든다면 책을 한쪽으로 치워두고, 앞으로 돈을 관리할 장소를 깨끗하게 정리하고 아름답게 꾸며보자. 만약 '친구랑 몇 시간이고 소중한 시간을 보낼 수 있을 것 같은데.'라는 생각이 든다면 돈과 좋은 관계를 쌓고 있다.

첫 번째 팁: 기분 좋은 공간으로 정리해보기

"공간이 나에게 얼마나 큰 영향을 미치는지 몰랐는데, 당장 실천해 봐야겠어요."

- 내담자 -

돈의 감정

일반적으로 돈 관리는 최대한 편안한 상태로 해야 한다. 주변 환경은 내 기분을 좌지우지한다. 온종일 주방에 설거짓거리가 쌓여 있으면 요리할 기분이 나지 않는다. 돼지우리 같은 거실에서 TV를 보며 편안한 마음으로 쉬기 어렵다. 요리하거나 텔레비전을 보는 건 삶의 낙이지만 주변이 어지러우면 요리하거나 TV를 보고 싶은 마음이 싹 사라진다. 좋아하는 일을 하고 싶은 마음도 사라지는데 심기가 불편한 주제를 다루는 건 말할 것도 없다.

우리의 목표는 돈과 관련된 걸 떠올릴 때 부담이나 스트레스를 느끼지 않고 기분을 좋게 만드는 것이다. 이러한 목표를 달성하려면 내면의 변화가 일어나야 하는데, 그렇게하기까지 시간이 다소 걸린다. 일단 내면에 변화를 불러일으키기 위해서는 외면을 변화시켜야 한다. 깔끔하게 정리된 책상에서 캔들을 피우고 활짝 핀 꽃, 맛있는 커피, 차, 케이크, 레드 와인을 앞에 놓고 입출금 명세서와 청구서를 처리하거나 소득세를 신고하면 심리적으로 안정되어 돈에 대한 막연한 두려움이 차츰 줄어든다. 나와 워크숍을 마친 후 참가자들은 '돈을 관리하는 장소'의 사진을 종종 내게 보내온다. 돈을 관리하는 장소를 꾸미기 전후에 사진을 찍고 공간의 분위기와 기운이 어떻게 변했는지 느껴보자.

두 번째 팁: 돈과 데이트한다는 마음으로 돈을 대하기

프리랜서가 되고 난 후 소득세 신고를 처음 했던 때를 지금도 잊을 수 없다. 1년에 한 번씩 영수증을 보며 탄식을 내뱉고 저주를 퍼부었다. 바로 정리하지 않고 내버려 두어 집안 곳곳에는 영수증과 청구서, 입출금 명세서가 나뒹굴었고 어느새 산더미처럼 쌓였다. 제출 마감일에 닥쳐서 부랴부랴 세무사가 알아볼 수 있게 장장 몇 시간에 걸쳐 서류더미를 정리했다. 이 일은 최소 하루, 때로는 이틀까지 걸렸고 소득세 신고일 몇 주 전부터 기분이 우울했다. 게다가 세무서는 잘못된 신고 내용이 있다고 매년 어김없이 연락을 해왔다. 그래서인지 나는 세금 신고하는 일이 전혀 즐겁지 않았다.

무언가를 바꿔야 했다. 요즘은 완전히 다른 방식으로 소득세를 신고한다. 이것은 삶을 편리하게 하면서도 돈이 나에게 중요하다는 걸 알려준다.

1. 매일 우편함에 있는 우편물을 꺼내고, 일주일에 한 번 날을 정해서 한꺼번에 처리한다. 전단이나 중요하지 않은 우편을 분류한 후 나머지는 책상 위에 있는 우편물 보관함에 넣는다. 매주 금요일 오전 10시에는 돈과 데이트 약속이 잡혀 있다. 일주일간 받은 모든 우편물을 살펴보고 분류한다. 다음 주 금요일 전까지 대금을 입금해야 하는 청구서

돈의 감정

는 처리하고 기한이 좀 더 남은 청구서는 책상 위 우편물 보관함에 다시 넣어 놓는다. 이미 처리한 청구서는 우편물을 모아두는 서류함에 넣는다. 이런 식으로 일상적인 돈 관리를 훨씬 편하게 만들었다. 편지와 청구서를 매일 신경 쓸 필요도, 언제 얼마를 입금해야 할지 따로 생각할 필요도 없다. 이렇게 한 덕분에 매주 금요일마다 '나 자신'을 돌본다는 걸 알기에 한 주 동안은 마음을 편히 놓을 수 있다.

2. 우편물을 모아두는 서류함을 여러 개 둔다. 책장의 3단 서류함에 이번 분기에 받은 우편물을 월별로 정리해 놓는다. 서류함에는 해당 월에 받은 모든 청구서, 영수증, 입출금 명세서가 담겨있다.

3. 한 달에 한 번 날을 잡아 지난달의 세금을 계산한다. 이 작업은 20~30분밖에 걸리지 않는다. 서류함에 우편을 미리 정리해 놓은 덕분에 세무회계 프로그램에 숫자를 입력하고 영수증만 제출하면 되기 때문이다.

그리고 코칭 일정이나 진료 예약을 적어 놓듯 달력에 세금 계산하는 날을 적어 놓았다. 세상이 멸망하지 않는 한 나와의 약속은 반드시 지켜야 한다. 돈과 시간을 존중하는 과정이다. 어느 순간부터 나는 특정한 날을 잡고 돈을 관리하기 시작했다. 해가 일찍 지는 겨울에는 따뜻하고 기분 좋은 분위기를 내려고 향초

를 키곤 했다. 지금까지도 그 향초의 향은 내 마음을 편안하게
하고 돈과 내가 연결되어 있다는 느낌을 불러일으키고, 돈을 생
각하면 어느새 마음이 충만해진다. 시각, 후각, 미각 등 모든 감
각을 이용해 장소를 꾸미고 돈과의 약속 시간을 즐겁게 만들자.

애쓰는 삶에서 편안한 삶으로
바꾸는 말의 힘

말은 현실이 된다

나 자신을 정확하게 비추는 또 다른 거울은 바로 말이다. 왜냐하면 내담자들이 돈에 관해 어떻게 말을 하는지 보면 종종 자신에 관해 이야기하듯이 들리기 때문이다.

"돈이 부족해요." = "나는 부족한 사람이에요."
"그 일에 신경을 쓰고 싶지 않아요." = "내 문제와 감정, 생각에 신경을 쓰고 싶지 않아요."
"두려워요." = "내 인생의 목표를 이룰 수 있을지 두려워요."

앞 장에서 살펴본 시각화 연습으로 돌아가 보자. 친구가 집에 왔다 간 후, 배우자나 연인이 집에 온다고 상상해 보자. 평소에 돈을 설명할 때 쓰는 단어를 써서 친구가 집에 온다고 생각해

보라. 예를 들면, "친구의 문제에 신경을 쓰고 싶지 않아." 또는 "난 좋은 친구가 아니야.", 또는 심지어 "항상 친한 친구로 남을 수 있을까?"라는 말을 한다. 방금 한 생각과 말을 비추어 볼 때 이 우정이 얼마나 오래가리라 예상하는가?

나는 지금까지 30권 정도의 책을 번역한 번역가로서 특정한 감정을 표현할 때 쓰는 말이 얼마나 중요한지 알고 있다. 그리고 머니 코칭을 하면서 말이 씨가 된다는 사실을 매번 목격한다. 본인이 한 말로 인해 심리적, 물리적인 압박을 받거나, 말을 아무렇게나 내뱉자마자 그 말처럼 삶의 희망이 사라지는 경우를 자주 본다.

다음에선 인생을 최악으로 만드는 문장과, 최고의 삶으로 바꾸는 문장을 살펴볼 것이다. 나는 돈을 끌어당기는 말을 하고 있을까? 밀어내는 말을 하고 있을까? 인생은 어떤 말을 하느냐에 따라 엄청난 차이를 만들어낸다.

돈을 밀어내는 최악의 말

사람들은 ~수 없지만, 반드시 ~를 해야 한다

이 짧은 문장에는 인생을 망치는 최악의 단어들로 되어있다.

1. 사람들

어느 날 마리아는 풀이 죽은 채로 나를 찾아왔다. 늘 월초에 받은 월급을 이미 다 써 버려서 월말에 쓸 돈이 남아 있지 않았다. 월급에서 모든 고정 비용을 제외하고도 충분한 돈이 남아있어야 했고, 심지어 저축할 돈도 있어야 했는데 막상 실제로 쓴 돈을 계산해보면 수입보다 지출이 훨씬 많았다. 머니 코칭 첫 시간에 나는 마리아에게 물었다.

"월말에 입출금 명세서를 봤을 때, 돈이 또 없는 걸 보면 어떠세요?"

"글쎄요, 사람들은 바보 같아요. 모든 사람이 쉽게 해내는 일을 못 하다니, 진짜 멍청해요."

나는 마리아가 어떻게 생각하는지 궁금해 "어떠세요?"라고 물어보면 "사람들은 바보 같아요."라고 일반화된 대답만 했다.

마리아는 왜 이렇게 대답하는 걸까? 미국 미시간 대학교 심리학과에서 한 연구에 따르면 왜 그런지 미국 과학 진흥 협회 저널인 〈사이언스〉지* 2017년판에 이와 관련된 연구 결과를 발표했다.

사람들은 주어를 '나'에서 '사람들'로 바꿈으로써 경험에 보편적인 의미를 부여한다. 주로 부정적인 이야기를 할 때 그렇다. 감정적으로 거리를 두고 싶기 때문이다.

그리고 실제로 그렇게 대답하면 문제와 자신 사이에 심리적 거리를 두는 게 가능하다. 부정적인 경험을 했을 때 주어를 '나'로 하지 않고, '사람들'로 바꾸어 불특정 다수로 확장함으로써 부정적인 경험을 일반화시킨다. 이러한 간단한 방식으로 강력한 의미를 부여한다. "전 정말 바보 같아요."와는 달리 "사람들은 바보 같아요."는 개인적인 생각과는 거리가 멀고, 상황의 통제권을 놓아버리고 포기하려는 심리를 내포한다. 현재로서는 피할 수 없는, 어쩔 수 없는 일처럼 말이다. 하지만 돈과 좋은 관계를 구축하려면, 돈과 관련된 모든 일에 스스로 책임을 져야 한다. 즉, 주어를 바꿔 "전 정말 바보 같아요."라고 말한다면, 이 문제를 해결하기 위해 적극적으로 행동할 수 있는 계기를 마련할

돈의 감정

수 있다.

2. 저는 못 하겠어요!

다시 마리아의 이야기로 돌아가 보자. 코칭을 하면서 자주 듣는 말이 마리아의 입에서도 흘러나왔다. 왜 돈이 자신에게 오래 붙어있지 못하고 자꾸 새어 나가냐고 물었을 때, 마리아는 이렇게 변명했다. "돈 관리를 못 하겠어요."

앞에서 살펴본 단어 '사람들'과 비슷하게 책임을 회피하는 말이다. "저는 노래를 못 해요."는 무대에 올라가지 않겠다는 뜻이다. "저는 축구를 못 해요."는 축구 연습을 하지 않겠다는 뜻이다. "돈 관리를 못 하겠어요."는 현재 재정 상황을 바꿀 수 없다는 걸 의미한다. 하지만 돈 관리를 못 하겠다는 말은 애초에 틀렸다. 왜냐하면 돈으로 할 수 있는 일은 세 가지밖에 없기 때문이다. 벌기, 쓰기, 저축하기.

돈을 벌어본 적 있는가? 돈을 써본 적 있는가? 돈을 저축한 적 있는가? 세 가지 질문에 모두 '예'라고 대답했다면 당신은 이미 돈을 관리할 능력이 충분하다. 다만 이제껏 자신이 원하는 방식으로 돈을 관리하지 못 했을 뿐이다.

마리아는 내 설명을 듣고 이렇게 대답했다.

"음, 근데 돈을 저축해본 적이 없는데요. 보셨죠? 저는 돈 관리를 못 한다니까요."

마리아는 평소에 가게에서 물건을 사고 거스름돈을 받으면 주인에게 잔돈은 가지라고 한다. 왜냐하면 액수가 너무 적어 자신이 굳이 가질 필요가 없는 하찮은 돈이라 치부하고 무의식적으로 저축할 필요가 없다고 생각했기 때문이다.

액수가 얼마인지는 상관없다. 10원이 됐든 100만 원이 됐든 모든 돈은 벌거나 쓰고 저축할 수 있다. 돈 관리를 못 한다는 건 한마디로 핑계이자, 내가 원하는 방식으로 돈을 사용하지 못한다는 걸 인정하는 꼴이다. 돈 관리를 못 한다는 핑계를 대지 않을 때 비로소 돈과의 관계에서 스스로 책임을 지고 왜 관리를 못 하는지 그 원인을 알아낼 수 있다. 돈 관리를 못 하는 원인으로 넘어가기에 앞서, 다시 마리아의 이야기로 돌아가 보자. 돈 관리를 못 한다고 말하던 마리아는 어느새 "그럼 이제 행동을 꼭 고쳐야겠어요."라고 말했다. 하지만 '꼭'이라는 단어는 인생을 또 다시 어렵게 한다.

3. 꼭 ~를 해야 한다

'꼭 ~를 해야 한다'는 짧고 눈에 띄지 않는 문장이지만 상상할 수 없을 정도의 힘을 내포한다. 자기 자신에게 부드럽게 소리 내서 말해보자. '꼭 해야 해'라는 말을 하는 순간 온몸이 발버둥 치고 있진 않은가? 가슴이나 배가 조이는 느낌이 들고, 큰 숨을 들이쉰 후 어떤 변명을 둘러댈지 머리를 굴리기 시작했는가?

왜냐하면 우리는 '꼭 ~를 해야 한다'라는 표현을 긍정적인 맥락에서 들어본 적이 없기 때문이다. 어린 시절 '꼭 좋아하는 영화를 보고 사탕을 먹어야 해.'라는 말을 들어본 적은 없다. '해야 한다'는 말에는 숙제, 청소, 가사일 돕기, 훈련 등을 이야기할 때 붙어 다니는 표현이었다. 그래서 자연스레 미운 네 살짜리처럼 왠지 모르게 반항하게 된다. '해야 한다'라는 말을 들으면 '윽, 하기 싫은데 꼭 해야 하나?'라는 생각이 떠오른다. 상황을 통제할 수 없다는 무력감을 다시 한번 느끼게 된다.

게다가 '해야 한다'라는 말은 엄청난 압박감을 준다. 상사가 힐끗 보면서 "보고서는 꼭 오늘 오후 4시까지 제출해야 합니다."라고 말할 때 느끼는 압박감처럼 말이다. 그렇지 않아도 보고서를 막 마무리하려고 했던 찰나에 뭔가 더 서둘러야 할 것 같은 느낌이 든다.

평소에도 사람들은 '꼭 ~를 해야 한다'라는 표현을 쉴 새 없이 사용한다. 하루에 몇 번이나 '꼭 ~를 해야 한다'라고 말하는지 주의를 기울여 세어 보자.

'꼭 ~를 해야 한다'라는 말 대신 어떤 표현을 쓸 수 있을까? '꼭 ~를 해야 한다'를 '한다' 또는 '하고 싶다'로 바꿀 수 있다.

다음 예시를 보고 어떤 차이가 있는지 살펴보자.

꼭 ~를 해야 하는 날

반드시 오전 6시에 일어나서 샤워해야 한다. 커피 한잔을 마시고 집주인 아주머니를 뵈러 위층에 가야 하기 때문이다. 집주인 아주머니와 꼭 아침을 같이 먹어야 한다. 집주인 아주머니의 엑셀 작업을 도와드리기 전에 번역을 꼭 해야 한다. 오후에 저녁 식사를 준비하고, TV를 시청하기 전에 반드시 해변에서 강아지를 산책시켜야 한다.

→ 위층 집주인 아주머니의 아파트에 발을 딛기도 전에 온몸에 기운이 빠질 것만 같다.

~을(를) 하는 날

오전 6시에 일어나서 샤워한다. 커피 한 잔을 마시고 집주인 아주머니를 뵈러 위층으로 올라간다. 아주머니와 함께 아침을 먹는다. 집주인 아주머니의 엑셀 작업을 도와드리기 전에 책을 번역한다. 오후에 저녁 식사를 준비하고, TV를 시청하기 전에 해변에서 강아지를 산책시킨다.

→ 담담하게 묘사한 여유로운 하루다.

~을(를) 하고 싶은 날

오늘은 오전 6시 일어나서 샤워하고 싶다. 커피를 마시고 나서 집주인 아주머니와 아침을 먹으러 가고 싶다. 그리고 집주인

돈의 감정

아주머니의 엑셀 작업을 도와드리기 전에 책을 번역하고 싶다. 오후에는 해변에서 강아지를 산책시키고 싶다. 저녁에는 요리하고 TV를 보고 싶다.

→ 흠, '하고 싶다'를 남발했다. 몇 번은 '하면 좋을 것 같다' 또는 '한다'로 대체할 수 있다. '한다'와 '하고 싶다'의 조합이 가장 이상적이다.

~을 해야 하고, ~을 하고 싶은 날

오전 6시에 일어나서 샤워한다. 집주인 아주머니와 아침을 먹으러 가기 전에 평화롭게 커피를 마시고 싶다. 집주인 아주머니의 엑셀 문제를 해결한 후 번역한다. 오후에는 해변에서 강아지를 산책시키면 좋을 것 같다. 저녁에는 식사를 준비하고 TV를 시청한다.

→ 하기 싫은 일도 사이사이에 껴있지만 자기주도적으로 보내는 기분 좋은 하루처럼 느껴진다.

마리아가 '그럼 이제 행동을 꼭 고쳐야 해요.'라는 문장을 바꿔본다면 어떤 변화가 일어날까?

마리아는 첫 시간에 '행동을 고치고 싶어요.'라고 말을 바꿨다. 단어 몇 개만 고쳤을 뿐인데 마리아는 이전과는 다른 삶을 살 수 있다는 희망을 느꼈다. 돈 관리를 잘 할 수 있다는 확신이 들지는 않았지만, 가능성이 아예 없다고 생각하진 않았다. '전 정말 바보 같아요.'와 '행동을 고치고 싶어요'로 표현을 바꾸고 차근차근 행동을 바꿔나가기 시작했다. 이 책에서 소개하는 방식대로 말이다.

'꼭 ~를 해야 한다'라는 대신 '하고 싶다' 또는 '한다'로 표현을 바꿔보자. 어떤 일이 일어날까?

4. 하지만

이 부분을 읽다 보면 나를 원망하게 될 것이다. 앞으로 '하지만'이라고 말할 때마다 이 부분이 떠오를 것이다. 그리고 아마도 필사적으로 다른 표현으로 바꾸려고 노력하게 될 것이다. 일단 의심을 버리고 믿어달라. 다른 표현으로 바꿀만한 가치가 충분히 있다.

'하지만'은 눈에 잘 띄지 않는 단어지만, 코칭을 하면서 이 단어 때문에 내담자와 의견이 셀 수 없이 부딪혔다. 서로 관련이 없는 주제를 '하지만'으로 연결하여 악순환을 만들고 헤어 나올 수 없는 덫에 빠지기 일쑤였다.

가장 기억에 남는 내담자는 요가와 댄스 스튜디오를 운영하는 강사였다. 처음 만나 서로를 알아가는 시간에 내담자는 자기 자신을 이렇게 소개했다. "체중이 많이 나가지만, 요가와 춤을 가르쳐요." 우리는 한동안 대화를 나눴고, 재정 문제에 관해서도 이야기했다. 내담자는 스튜디오에서 수업할 때 강사 역할에 완전히 몰입했다. 가르치는 동안은 자신의 몸에 대해 전혀 생각하지 않았기 때문에 수강생들의 칭찬과 긍정적인 피드백을 순수하게 받아들일 수 있었다. 하지만 집에 와서 통장 잔액을 보자마자 스스로가 사기꾼처럼 느껴졌다. 뚱뚱한 여자가 요가와 춤을 가르쳐 돈을 이만큼이나 벌었다니 믿을 수 없었다.

일주일 후, 다시 이야기를 나누는 도중 내 머릿속에 무언가가 스쳐 지나갔다. 그래서 다시 한번 자기소개를 부탁했다.

"체중이 많이 나가지만, 요가와 춤을 가르쳐요."

문제를 파악했다. '하지만'이라는 단어로 전혀 관련이 없는 두 주제를 연결했다. '하지만' 때문에 두 주제를 떨어뜨려 생각할 수 없게 되었다. 체중과 수업의 질은 상관없다. 과체중은 요가와 춤 강사의 이미지에 어울리지 않는다는 그녀의 고정관념일 뿐이다. 스튜디오에서는 완전히 수업에 몰두했기 때문에 그런 생각이 스멀스멀 들 여유가 없었다. 그러나 집에 돌아와 혼자 입출금 명세서를 볼 때면 자기 의심이 밀려왔고, 실력 덕분에 이만큼 돈을 벌 수 있었다는 긍정적인 생각은 한순간에 무너져내렸다. 열심히 일해서 번 수입을 봐도 기분이 그다지 좋지 않았다. 그래서 난 내담자에게 '하지만'을 '그리고'로 바꿔보라고 권했다.

"요가와 댄스를 가르치고, 체중이 많이 나가요."

내담자도 나도 이 순간을 영원히 잊지 못할 것이다. 내담자는 스스로 이 말을 하자마자 눈물을 흘렸다. 한 단어에 불과하지만 '하지만'을 '그리고'로 바꾸면서 무의식적으로 자신을 부정적으로 보던 문제가 해결됐다. 내담자는 요가와 댄스를 가르치고 체중이 많이 나간다. 요가와 댄스를 가르치는 일과 체중은 아무 상관이 없었다.

오늘도 내담자는 성공적으로 스튜디오를 운영하고 있다. 그리고 요가와 댄스를 가르쳐서 번 돈은 열심히 일한 결과이며 정당한 보답이라고 생각한다. 수입을 보면 기분이 좋아진다. 이렇게 우리는 그녀의 재정 문제를 해결했다. 번 돈을 보고 기분이 좋아야 더 큰돈을 벌 수 있다. 왜 그렇게 느껴야 좋은지 다음에서 설명할 것이다.

단어 하나만 바꿨을 뿐인데 내담자는 사고방식을 바꿀 수 있었다. 또 다른 내담자는 30대 초반에 많은 돈을 상속받은 젊은 여성이었다 그녀는 평생 일할 필요가 없을 정도로 돈 걱정 없는 삶을 살았지만, 행복하다고 느껴본 적이 없었다. 그 말을 들은 친구는 "나도 그런 고민 좀 있었으면 좋겠다."고 부러워했지만 막상 자신도 같은 상황이 되면 똑같은 고민을 할거라는 걸 몰랐다.

그녀는 왜 행복하지 않았을까? 왜 돈을 쓰거나 투자하려고 하지 않았을까? 이유는 간단했다. 할아버지한테 상속받은 돈이

돈의 감정

었기 때문이다.

"할아버지를 사랑했어요. 하지만 어머니는 할아버지가 못됐다고 항상 싫어하셨죠."

다시 등장한 '하지만'에는 내담자가 누구 편을 들지 고민하는 마음이 담겨있다. 만약 할아버지로부터 상속받은 돈을 쓴다면 어머니를 배신하는 게 아닐까? 어쨌든, 어머니에게 할아버지는 좋은 사람이 아니었다. 이 경우에도 '하지만'을 '그리고'로 대체한다면 문제를 쉽게 해결할 수 있다.

"할아버지를 사랑했어요. 그리고 어머니는 할아버지가 못됐다고 항상 싫어하셨죠."

한 가지 주제를 두 가지로 명확하게 분리함으로써 각 주제를 개별적으로 다룰 수 있게 됐다. 무엇보다도 내담자는 할아버지에 대해 의견이 다른 어머니와 편하게 이야기를 나눌 수 있었고, 누구 편을 들지 고민하지 않아도 되었다.

돈을 밀어내는 모호한 말

더 많이, 모자라다, 너무 많다, 너무 적다

"돈이 더 많았으면 좋으련만."

"벌어도 벌어도 모자라요."

"너무 비싼데요."

"항상 수중에 남는 돈이 너무 적어요."

자, 이 중에서 어떤 표현이 익숙하게 들리는가? 아마도 모두 자주 들어보는 말일 것이다. 실제로 돈에 관한 이야기를 자주 하지 않기 때문에 돈 이야기가 나오면 저런 모호한 문장을 쓰는 경우가 많다. 진정으로 원하거나 생각하는 걸 말할 용기가 없기 때문이다.

지난 워크숍에서 한 내담자는 돈이 더 많았으면 좋겠다고 말했다. 얼마나 많은 돈이 있었으면 좋겠냐고 묻자, 참가자는 잘

돈의 감정

모르겠다고 답했다. 그냥 돈이 더 많았으면 좋겠다고 했다.

"알겠어요. 여기 천 원을 드리죠. 돈이 더 많아졌지요?"

물론 여기에는 다른 뜻이 숨어 있었다. 하지만 참가자는 얼마나 더 있으면 좋을지 감히 입 밖으로 내지 못했다. 그래서 우리는 먼저 이 문제에 이성적으로 접근했다. 감정적인 소망이라도 이성적으로 접근해 원하는 게 무엇인지 알아볼 수 있다.

무엇을 위해 돈을 더 벌었으면 좋겠냐고 물었을 때, 참가자는 이렇게 답했다.

"더 좋은 슈퍼마켓에 가고, 아이들이 원하는 걸 해주고, 좀 더 넉넉하게 휴가를 보내고 싶어요."

이게 바로 내담자의 진정한 소망이었다. 그래서 우리는 각각의 소망에 개별적인 금액을 할당했다. 유기농 슈퍼마켓에 가려면 한 달에 25만 원이 더 필요했고, 아이가 원하는 걸 해주려면 7만 원이 더 필요했고, 넉넉한 휴가를 보내려면 한 달에 40만 원씩 더 저축해야 했다. 총 합해서 80만 원 정도가 나왔다.

내담자는 이전과 다르게 "솔직히 한 달에 130만 원이 더 있었으면 좋겠어요."라고 원하는 금액을 구체적으로 말하며 그제야 나의 숨은 뜻을 알겠다는 표정을 지었다.

자신의 소망을, 아니 꿈을 구체적인 금액으로 이야기했을 뿐인데 인생의 목표가 더 명확해졌다. 왜 꿈을 말하기를 두려워하는 걸까? 무엇 때문에 우리가 원하는 걸 당당하게 말하지 못하는 걸까?

주제넘게 너무 많은 걸 바라는 것 같아 입 밖으로 내기에 거부감이 들고, 양심의 가책을 느끼기 때문이다. 진화생물학적 관점에서 인간은 무리 지어 사는 동물*이다. 그래서 가족, 공동체 등 속할 수 있는 집단이 필요했다. 개인이 느끼는 양심의 가책 이면에는 집단이나 공동체에서 쫓겨날지도 모른다는 두려움이 무의식에 깔려있다. 과거에 집단에서 쫓겨나는 건, 곧 죽음을 의미했다. 그리고 이런 기억이 현대인의 유전자에도 새겨져 있다. 비록 현대 사회에서 죽음이 물리적 죽음이 아닌 '사회적 죽음'을 의미하더라도 말이다.

그래서 평소 사람들은 돈에 대해 모호한 태도를 보인다. '130만 원'이라고 분명하게 말하는 대신 '더 많이 벌고 싶어요', '70만 원이 모자라요.'라고 말하는 대신 '모자라요.'라고 말한다. 주변 사람들이 나를 어떻게 생각할지 신경 쓰이고 두렵기 때문에 분명하게 말하는 게 부담스럽다.

이뿐만이 아니다! 원하는 것을 이루지 못하고 목표를 이루지 못할까 봐 두렵기 때문이다. 실패는 집단에서 쫓겨나는 것만큼 치명적이다. 그러나 원하는 걸 모호하게 말한다면 실패할 일이 없다. 확고한 목표가 없기에 애초부터 목표에 도달할 수 없다.

여행을 가고 싶다고 상상해 보자. 목적지를 고른 후 어떻게 가야 할지 생각해 보자. 애초에 목적지가 없으면 목적지에 갈

돈의 감정

방법을 생각할 수조차 없다.

목표가 구체적인 장소일 필요는 없다. '따뜻하고 햇볕이 내리쬐는 곳에 가고 싶어요.' 또는 '산, 바다, 도시에 가고 싶어요.'라고 말할 수도 있지만 목적지를 미리 정해 놓아야 한다.

돈도 마찬가지다. '플로리다에 가고 싶어요.' 대신 '130만 원을 더 벌고 싶어요.'라고 말할 수 있다. '햇볕이 내리쬐는 곳을 가고 싶어요.' 대신 '이달 말에 25만 원을 남기고 싶어요.'라고 말할 수 있다. '등산 가고 싶어요.' 대신 '올해 자기계발 강좌를 꼭 듣고 싶어요.'라고 말해볼 수도 있다. 목표를 구체적으로 설정해야만 목표를 달성할 수 있는 최고의 방법을 찾을 수 있다.

'더 많이 벌고 싶어요.'에서 '어떻게 하면 130만 원 더 벌 수 있을까?'라는 목표를 도출해낼 수 있다. '벌어도 벌어도 모자라요.'에서 '이달 말에 25만 원을 남기려면 어떻게 해야 하지?'라는 목표를 세울 수 있다. '너무 비싼데요.'라고 말하는 대신 '어떻게 하면 올해 자기계발 비용을 댈 수 있을까?'라는 목표를 설정할 수 있다. 이렇게 목표를 정하고 어떻게 목표를 달성할 수 있을지 생각해보면 문제의 해결책이 나온다.

용기를 내어 목표를 수치화하자. 목표를 수치화해서 생길 수 있는 최악의 상황은 목표 달성에 완전히 실패하는 경우다. 하지만 목표가 없다면 애초부터 목표를 달성하려는 시도조차 할 수 없다. 일단 목표를 설정하면 목표를 달성하기 위해 무슨 일을 할 수 있을지 생각해 보고 실천할 수 있다. 다음 장에서는 목표 달성을 돕는 방법을 살펴보도록 하겠다.

연습해 보기: 나의 목표

하고 싶은 일:

_____

_____

_____

_____

_____

_____

드는 비용:

_____

_____

_____

_____

_____

_____

3장

[공감]
감정에 휩쓸리지 않고
돈을 대하는 법

동정 대신 공감하라

감정에 휩쓸리지 않는 법

앞 장에서는 목표를 구체적으로 설정해야 목표를 달성할 수 있다는 사실을 알았다. 일단 어디에 가고 싶은지 알아야 목표에 도달하는 길에 어떤 장애물이 있는지 알 수 있다. 장애물은 마음속의 특정한 감정을 촉발하는 고착된 신념이다. 그러므로 감정을 들여다봄으로써 길을 막고 있는 장애물을 제거해야 한다.

독일어에서는 '동정심'과 '동감'을 구분해 말한다. 동정심은 누군가의 고통을 보고 가엽게 생각하는 마음으로, 다소 오만하게 들릴 수 있다.

동정심이라는 말에 비해 동감은 좀 더 균형 잡힌 의미를 띤다. 다른 사람이나 생명체보다 잘나거나 못났다고 생각하는 마음 없이 그들의 감정을 함께 느끼는 것이다. 그래서 동감은 다른 사람과 처지를 바꿔 생각할 수 있는 능력을 일컫는 '공감'의

돈의 감정

동의어로 사용되기도 한다. 공감 능력이 있다는 건, 곧 다른 사람이 자신의 감정을 표현할 수 있도록 공간을 내어주면서도 그 감정에 휩쓸리지 않는 걸 말한다. 공감이 무엇인지는 우리 모두 잘 알고 있다. 남자친구에게 차인 친구와 함께 전 남자친구를 욕하는 것이다. 이런 방식의 공감은 일반적이고 괜찮다. 그러나 내 삶에 영향을 미친다면 적당한 심리적 거리를 두어야 한다. 친구의 전 남자친구를 생각하면서 모든 남자는 바보라거나 남자를 사귀면 안 된다는 생각이 들기 시작하는 게 바로 그 예이다.

감정 공간 만들기

돈과 좋은 관계를 유지하려면 나 자신과 공감하는 능력이 중요하다. '돈'에 대해 어떤 감정이 일어나는지 알 수 있도록 나 자신에게 안전한 마음의 공간을 내주어야 한다. 하지만 감정에 지나치게 몰입해서는 안 된다. 돈을 향한 감정이 삶을 좌지우지할 수 있기 때문이다. 특히 돈과 관련해서는 두려움, 부끄러움, 부족함, 분노, 부러움 등의 감정이 흔하게 든다. 나는 부끄러움이 문제였다. 재무회계 전공으로 경영학부를 졸업했고, 항상 수입이 좋았지만 매 월말에는 인출 한도가 얼마 남지 않은 일이 잦았다. 그리고 이런 부끄러움이 인생을 좌지우지하게 내버려두었다. 부끄러워서 다른 사람에게 도움을 요청할 수도 없었다.

도움을 받지 못하다 보니 상황은 더 심각해졌고 문제에 압도되어 돈 관리에 실패했다는 사실을 인정하기가 더 어려웠다.

그 당시에는 나만 이런 문제를 겪는 줄 알았다. 다른 사람들은 혼자서도 돈 관리를 척척 해내는 줄 알았다. 당시에 몰랐던 건 다른 사람 눈에는 내가 돈을 완벽하게 관리하는 것처럼 보였다는 사실이다. 이 교훈을 절대 잊어서는 안 된다. 재정적인 어려움은 눈에 보이지 않는다.

부끄러움 때문에 내 상황은 날이 갈수록 악화됐고 악순환의 정점에 다다랐다. 책임을 다하기 위해 가족이나 지인에게 돈을 빌려 달라고 말할 때가 인생에서 가장 힘든 날이었지만, 동시에 가장 큰 해방감을 느낀 날이기도 했다. 혼자서 해결할 수 없다는 걸 인정했지만 세상이 끝나지 않았다는 걸 깨달았고, 머니 코치의 길을 가게 되었기 때문이다.

나 자신을 동정하지 않고 공감했다면 훨씬 전에 돈에 대한 감정을 들여다볼 수 있었다. 부끄러움에 사로잡혀 그릇된 생각을 하는 대신 상황을 그대로 인정했으면 문제에 압도되지 않고, 훨씬 더 일찍 도움을 구할 수도 있었다.

감정을 억압하고 괴로워하는 대신 감정이 자연스럽게 일어나도록 내버려 두자. 그리고 어떤 감정이 일어나는지 판단하지 말고 있는 그대로 인식해보자. 안전한 공간을 내줌으로써 감정이 보내는 메시지를 인식하면 문제에서 벗어날 수 있다. 겪고 있는

문제를 해결하기 위해 도움을 요청하고 적극적으로 해결책을
찾아보자.

돈과 감정의 관계

감정 그래프를 보면 돈이 보인다

2016년 4월, 나는 내담자와 커피를 마시면서 사람들이 감정에 대해 흔히 저지르는 실수가 무엇인지 깨달았다.

내담자는 통장에 돈이 충분히 있었지만 항상 탐탁지 않아했다. 일정 기간동안 돈과 감정의 연관성을 조사한 결과 '0점을 기준으로 오르락내리락한다.'는 점을 발견했다. 놀라울 정도로 흥미로운 결론이었기에 내 이론을 시험해 보기로 했다. 나는 인생을 생각하면 어떤 감정이 드는지 내담자에게 물었다. 기분이 좋을 땐 하늘로 날아갈 거 같다가 슬프면 한없이 땅으로 꺼지는 사람일까? 아니면 '인생이란 원래 그런 거지.'라고 생각하는 사람일까? 잠시 고민한 끝에 그는 입을 열었다. 두 번째 부류의 사람이었다. 행복하지도 슬프지도 않았다.

"점수로 매겨본다면 0점을 기준으로 오르락내리락 하나요?"

그가 웃으면서 고개를 끄덕였다.

"흥미롭네요. 통장 잔고와 비슷하네요."

냅킨을 집어 다음 그래프를 그렸다.

긴장 상태

그리고 이 그래프를 보면 무슨 생각이 드는지 물었다.

독자에게도 같은 질문을 던져보고 싶다. 이 그림을 보면 어떤 생각이 드는가?

수백 번이나 많은 사람에게 같은 질문을 했지만, 결과는 언제나 같았다. 사람들은 살짝 긴장되고 뭐라 형용할 수 없는 불편함을 느낀다고 답했다. 어찌 보면 당연한 일이다. 심전도나 주가, 지구온난화나 지진의 강도를 설명할 때 볼 법한 그래프이기 때문이다. 그래서 이런 그래프를 보면 자연스레 긴장하게 된다.

좋거나 나쁘거나

안타깝게도 우리는 감정을 두 가지로 나누는 법을 배웠다. 좋은 감정과 나쁜 감정으로 분류해버리기에 진정으로 어떤 감정을 느끼는지 모른다. 기분이 날아갈듯 좋다고 해서 의기양양해서는 안 된다. 저 그래프에서 볼 수 있듯이 갑자기 저점을 찍을 수도 있기 때문이다. 또, 부정적이고 불쾌한 감정은 빨리 없애야 했다. 어렸을 때부터 우리는 겁 먹지 말라고('겁 먹을 일은 아니잖아'), 화내지 말라고('그냥 사이좋게 놀아'), 또는 얼굴 펴라고('좀 웃어') 배웠다. 한마디로 부정적인 감정을 품고 사는 건 허용되지 않았다. 그렇게 어른이 되고 나서는 항상 맛있는 음식을 먹고 돈을 쓰면서, 또는 술을 마시거나 텔레비전을 보고 SNS를 하면서 불쾌한 감정을 없애려고 한다. 부정적인 감정을 빨리 떨쳐버리라고 배웠기 때문에 어떻게 대해야 하는지 모른다.

돈의 감정

우리가 느끼는 감정이 위 그래프 같다고 생각한다면, 너무 행복하거나 슬픈 감정이 들 때 오히려 두려울 법하다. 기분이 고점을 찍을 때도 0점의 나락으로 떨어질 수 있다는 게 보이기에 두렵다. 또는 기분이 저점을 찍을 때 어느 세월에 0점까지 올라가나, 만족감과 행복감을 느낄 때까지 얼마큼 노력해야 할지 알수 없어 기운이 빠진다. 힘들고 고되다. 그래서 우리는 고점을 찍지 않고, 저점으로 떨어지지 않도록 0점 주변에 안주한다. 우리는 부정적인 감정이 좋지 않다고 배웠기에 부정적인 감정을 피하거나 억누르려고 노력한다. 하지만 부정적인 감정이 중요하지 않았다면, 인류는 부정적인 감정을 느끼지 못하는 방식으로 진화했을 것이다.

감정은 좋거나 나쁜 게 아니라, 그냥 그렇게 느껴질 뿐

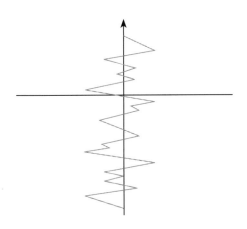

다음 그래프를 보자. 첫 번째 그래프와 정확히 똑같다. 이 그래프를 보면 어떤 느낌이 드는가? 추측하건대, 아마 아무런 느낌도 들지 않을 것이다. 삐뚤빼뚤한 선을 봐도 별생각이 들지 않고, 좋지도 나쁘지도 않다. 이 그래프는 우리의 감정을 정확하게 묘사하고 있다. 긍정적이든 부정적이든 감정은 우리를 위한 것이지, 우리에게 반하는 게 아니다.

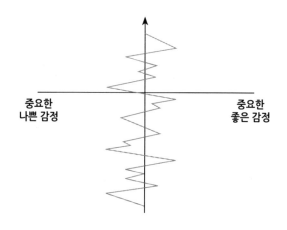

감정은 위아래가 아닌 좌우로 왔다 갔다 한다. 감정은 좋거나 나쁜 게 아니라 그냥 그렇게 느껴질 뿐이다. 중심선이 삶의 길이라면 좌우로 뻗어 나간 점은 삶의 길을 관망할 수 있는 전망대와 같다. 잠시 멈춰 주변을 둘러보자. 앞만 보고 가면 몰랐을 상황을 관찰할 기회를 갖자. 질 볼트 테일러 박사^{Dr. Jill B. Taylor}*와 연구진은 감정이 자유롭게 흐르다가 생각으로 이어지지 않으면

돈의 감정

90초 후에 저절로 사라진다는 사실을 발견했다. 그게 바로 자유롭게 흐르는 감정의 미학이다. 감정이 자유롭게 흐르면 속상할 일이 없다. 그러나 감정을 억누르며 감정에 대해 생각하면 불편함을 느끼게 된다.

내가 느끼는 감정의 숨은 뜻

모든 감정은 소중하다

소위 말하는 부정적인 감정을 인정하는 건 처음에는 쉽지 않다. 부정적인 감정을 느끼는 건, 곧 두렵고 질투가 나며 스트레스에 압도되고 지루할 수 있다는 걸 인정하는 느낌이기 때문이다. 하지만 나 자신만 이런 감정을 받아들이면 되기에 오히려 쉬울 수도 있다. 나 자신에게 솔직할 수 없다면 누구에게 솔직하랴.

특히 '나쁜' 감정은 흥미롭다. 예를 들어, 두려움은 내가 가장 좋아하는 감정 중 하나다. 매일 두려움을 느끼고 싶다는 이야기가 아니다. 두려움은 어떤 일이나 사람을 '앞에 두고' 생긴다. 누군가가 머리에 총을 겨눌 때 두려운 건 총이 아니라 앞에서 방아쇠를 당기는 사람이다.

두려움엔 두 가지 특징이 있다. 첫째, 총을 쏘는 게 두려운 게

돈의 감정

아니라 운이 따라줄지 아닐지 모르는 게 두려운 거다. 총알이 몸에 박히는 걸 생각하면 막연히 두렵다. 둘째, 두려움은 내가 직면한 상황을 헤쳐나갈 준비가 되지 않았다는 방증이다. 정보나 지원이 부족하다는 뜻이다.

일요일에 공원 한가운데 서 있는데 갑자기 큰 개가 나를 향해 달려오고 있다고 상상해 보자. 안타깝게도 무슨 이유로 개가 나에게 달려오는지는 알 수 없다. 물려고 그러는지, 놀고 싶어 그러는지 몰라서 무턱대고 겁부터 먹는다. 만약 주변에 모르는 사람이 100명이 있었다면 그 사람들은 내가 도망치는 게 좋을지, 아니면 내 몸 여기저기에 개가 침을 묻히는 상황에 대비해야 할지 말해줄 것이다. 그 개에 대한 정보를 더 많이 알고 있다면 상황을 직접 평가할 수 있다. 이처럼 두려움은 눈앞에 닥친 상황을 헤쳐나갈 무언가가 부족하다고 경고하는 좋은 친구와 같다.

돈은 늘 부족하고, 언젠가 파산해서 집을 내놓아야 할지도 모르며, 평생 빚에 시달릴 수 있다는 두려움이 만연해있다. 두려운 감정을 억누르고 주의를 다른 데로 돌린다면 속수무책으로 당할 수 있다. 그러나 두려운 감정을 인정하고 경고로 받아들이면 적어도 무언가를 대비할 수 있다! 어떻게 하면 두려운 일이 일어나지 않을지 생각해보거나 대안을 찾아볼 수도 있다.

모든 감정은 소중하다. 부정적인 감정도 마찬가지다. 자연스러운 감정은 나쁜 게 아니다. 평소에 알아차리지 못했던 일들을 섬세히 관찰할 기회를 주고, 감정이 말하고자 하는 바를 이해할 수 있게 도와준다. 이제부터 돈과 관련하여 가장 보편적으로 느끼는 부정적인 감정과 그 의미를 살펴보자.

돈의 감정

두려움

왜 두려우면 비이성적으로 바뀔까

두려움을 맞닥뜨린 상황에 대처할 정보나 자원이 부족하다는 사실을 알리는 경고다. 두려움을 느끼면 합리적인 결정을 내릴 수 없다. 왜 우리는 두려움을 느끼면 비이성적으로 반응할까? 이 질문에 답하기 위해서는 인간의 뇌와 몸이 어떻게 작동하는지 살펴보아야 한다.

두려움을 느끼는 기관은 측두엽 전면에 있는 편도체다. 편도체는 뇌에서 가장 오래된 부분인 뇌줄기와 연결되어 있다. 실제로 위험이 존재하거나 뇌가 위험하다고 인식하면 편도체는 뇌줄기로 위험 신호를 보내고, 도파민과 아드레날린 등 신경 전달 물질을 방출한다. 그리고 신경 전달 물질의 상황에 맞서 싸우거나, 도망치거나 움직이지 않거나 죽은 척하라는 신호를 보낸다.

두려움은 인간에게 실제 위험을 경고한다. 예를 들어 호랑이가 눈 앞에서 날카로운 이빨을 드러낸다면 오래 생각할 거 없이 도망을 쳐야 한다. 이런 상황에서 인간은 합리적인 사고가 불가능하다. 행동에 대해 생각하기 어렵고 반응만 할 수 있다. 오늘날 흔히 마주하는 두려운 상황에서 도망치거나 맞서 싸우거나, 움직이지 않는 건 해결책이 아니다.

두려울 때 합리적인 결정을 내리는 법

그럼 어떻게 해야 해결할 수 있을까? 터무니없게 들릴 수도 있겠지만, 두려움을 느낄 때마다 파충류의 뇌를 닮아 '파충류 뇌'라고도 불리는 뇌간을 진정시켜야 다시 합리적인 사고를 할 수 있다.

흥미롭게도 몸통과 다리를 연결하는 대요근은 척수를 통해 뇌간과 직접 연결된다. 대요근은 다리를 움직이게 하는 근육으로, 도망치거나 맞서 싸우거나 숨기 위해 쪼그려 앉을 때 사용된다. 대요근의 근막은 횡격막과 연결되어 깜짝 놀라 숨을 몰아쉬거나 스트레스를 받아 숨을 빠르고 얕게 쉬는 데 관여한다. 그래서 대요근을 '마음의 근육'이라고 부르기도 한다. 대요근은 몸통부터 다리까지 연결되어 있어서 정서적인 문제가 있으면 허리 또는 무릎에 문제가 생기기도 한다. 여성의 허리 통증은 정서적인 스트레스 때문에 생긴다는 말이 있는데도 그 원인을 무시해버리는 경우가 많다.

돈의 감정

신경다발은 뇌간을 지나 횡격막까지 이어져 호흡을 조절한다. 그래서 도망치거나 싸우거나 움직이지 않는 상황에 따라 호흡도 달라진다. 그래서 두려움을 느낄 때 합리적인 결정을 내리려면 뇌간을 진정시켜 신경 전달 물질이 쏟아져 나오는 걸 막아야 한다. 이때 뇌간과 횡격막이 이어져 있는 구조를 이용할 수 있다. 몸을 조종해서 뇌를 속이는 것이다.

빠르게 평정심 되찾기

연습해 보기:

앉거나 선 자세로, 숫자 넷을 세면서 숨을 들이마시고 여섯을 세면서 숨을 내쉬는 데 정신을 집중합니다. 호흡을 반복합니다. 갑자기 차분해지는 게 느껴지나요? 이 호흡법은 횡격막을 이완시킵니다. 두려움을 느낄 때 다 괜찮다고 뇌에 알려줌으로써, 머릿속의 사자를 진정시키고 두려움을 만드는 신경 전달 물질이 과도하게 분비되는 걸 막습니다. 단숨에 머릿속은 질서를 되찾습니다. 이 호흡법의 장점은 어디서든 활용할 수 있다는 것입니다. 면접 전 긴장이 되거나 첫 데이트 전에 당황하거나 입출금 명세서를 보기 전 손에 땀이 날 때 시도해보세요. 호흡을 3~5번 반복하면서 숨을 들이쉬는 것보다 더 길게 내쉬면 평정심을 되찾을 수 있습니다.

'그럼 무슨 일이 생기죠?'라고 다섯 번 물어보기

나는 한 내담자의 사례를 통해 두려움을 인정하고 두려운 이유를 말하면 두려움에 관한 인식을 기적적으로 바꿀 수 있다는 사실을 발견했다. 내담자는 몇 달간 받은 돈으로 간신히 생활을 꾸려나가는 등 재정적으로 어려움을 겪고 있었다. 연봉이 높은 회사로 이직하고 싶지만, 이직에 실패하면 거리로 나앉을 거란 생각에 두려웠다. 이때 '그럼 무슨 일이 생기죠?'라고 스스로에게 다섯 번을 물어본 후에야 두려움과 마주할 수 있었다.

연습해 보기:

'그럼 무슨 일이 생기죠?'라고 스스로에게 다섯 번 물어보라. 두려움을 직시하고 두려움에서 벗어날 수 있는 방법이다. 질문을 거듭해 던질수록 마음속 깊은 곳의 두려움에 가까이 다가갈 수 있다.

*주의: 우울증 또는 다른 정신 질환으로 치료를 받는 경우 혼자서 시도하면 절대로 안 된다. 신뢰가 가는 코치나 심리상담사의 전문적인 지도하에 실시해야 한다.

나는 내담자와 이렇게 대화했다.

내담자 새 직장을 구하지 못하면 지금 사는 아파트에서 짐을

돈의 감정

싸서 나가야 해요.

나 그럼 무슨 일이 생기죠?

내담자 길거리에 나앉을 거예요.

나 그럼 무슨 일이 생기죠?

내담자 글쎄요, 아마도 길거리에 나앉기 전에 다른 집을 찾 겠죠. 하지만 지금 사는 집처럼 좋지 않을 거고, 평수 도 줄어서 가구가 다 들어가지 않겠죠.

나 그럼 무슨 일이 생기죠?

내담자 몇몇 물건을 팔아야 할 수도 있어요. 평수가 작은 아 파트라면 월세도 싸겠죠.

나 그럼 무슨 일이 생기죠?

내담자 고정 비용이 적다면 월말이 다가오는 게 두렵지 않을 거예요. 그게 다예요.

나 그럼 무슨 일이 생기죠?

내담자 예전 상황으로 돌아가기 위해 무언가를 시작할지도 몰라요. 그럼 아이들에게 재정적인 지원을 해줄 수 있을 거예요. 새로운 동네로 이사 가면 새로운 사람 들을 만날 수도 있겠죠. 어떻게 될지 누가 알겠어.

내담자는 지금 사는 아파트에서 이사하면 어떻게 될지에 더 명확해졌고, 다채로워졌으며. 마음은 더 후련해졌다. 다음 날 더

좁은 집으로 이사하려고 임대 계약을 철회한다 해도 놀라지 않을 것이다.

두려움의 심연을 들여다보는 이 연습은 매우 효과적이다. 막연한 두려움에 사로잡혔을 때 결코 떠올리지 못했던 대안을 찾게 해준다.

대부분의 여성 내담자는 이 연습 후 근심을 내려놓게 되었다. 직업을 곧 잃을지도 모른다고 생각하자 하고 싶었던 일을 생각해 볼 수 있었다. 작은 평수의 아파트로 이사하거나, 연인과의 이별 등 우리가 두려워하는 일은 새 출발 할 수 있는 기회이기도 하다.

직업을 잃으면 노숙자가 되어 거리에 나앉거나 한강 다리에서 뛰어내려야 할지도 모른다는 생각에 두려웠던 두 남성 내담자는 이 연습을 마치고 서로를 말없이 쳐다 보았다. 이 연습은 그들의 삶에서 일이 어떤 의미가 있는지 보여주었다. 따라서 그들의 문제를 해결할 수 있는 열쇠가 되었다. 한마디로 내담자에게는 일이 삶의 목적 그 자체였다. 그러나 일 때문에 살고 일 때문에 죽는 건 문제가 있다.

외상을 겪은 이후로 불안에 시달린다던가 우울증을 앓고 있는 사람도 비슷한 결과가 나올 수 있으므로, 불안 장애나 우울증에 시달린다면 절대로 혼자서 이 연습을 하면 안 된다!

나 역시 코치와 함께 이 연습을 했던 날이 아직도 생생하다.

돈의 감정

앞 장에서 언급했던 것처럼 세금 고지서를 받았을 때 집을 잃고 거리에 나 앉을까 두려웠다. '그럼 무슨 일이 생기지?'라고 나 자신에게 다섯 번을 되물으면서 해결책을 찾았고 강아지와 함께 남쪽으로 떠났다. 노숙자가 될 거면 최소한 날씨가 따듯해야 했기 때문이다. 접시를 닦거나 반려견을 훈련시키면서 돈을 벌었고, 스페인 어딘 가에서 펜을 집어 들고 책을 쓰기 시작했다.

인생의 고비를 만날 때 두려워서 도망가지 마라. 그럴 때마다 '그럼 무슨 일이 생기지?'라고 스스로에게 물어보라. 진정으로 원하는 게 무엇인지 탐색해볼 수 있다.

부러움과 질투

질투의 원천은 불안감

부러움과 질투, 이 두 가지 감정은 언뜻 보면 다른 것 같지만 전달하고자 하는 메시지는 같다. 질투가 친밀한 관계에서 부정이나 배신이 일어났을 때 드는 감정이라면, 부러움은 자원이 부당하게 분배되었거나 같은 일을 하고도 상대적으로 인정받지 못했을 때 생기는 반응이다. 부러움과 질투는 모두 분노와 두려움을 담고 있다. 그리고 부끄러움, 부러움, 질투가 뒤섞여 버리면 상황을 해결하기 위해 도움을 구할 수가 없다. 따라서 부러움이나 질투를 느낀다면 지금 위협을 느낀다는 신호로 받아들여야 한다. 그런 다음 스스로 또는 친구의 도움을 받아 상황을 분석하고, 다시 안전함을 느낄 수 있도록 선을 확실하게 그어야 한다.

질투란 돈 자체보다는 배우자, 친구 또는 가족 간의 친밀하고 개인적인 관계에서 일어나는 감정이다. 질투의 원천에는 상대방에 대한 배신감 또는 자신의 무가치함, 관계에서 느끼는 불안감 등이 있다.

부러움은 삶의 원동력

반면 부러움은 가까운 인간관계에만 국한되지 않는다. 우리는 실제로 알지 못하는 연예인, 동료, 또는 낯선 사람을 부러워할 수 있다. 날씨가 좋은 날 사무실에 앉아 창밖을 바라보는 사람은 햇살이 비추는 벤치에 앉은 사람을 보고 '나도 저기에 있고 싶은데!'라며 부러워한다. 부러움의 부정적인 면은 시샘이라 부른다. 다른 사람이 가진 걸 갖지 못해서 샘이 나는 것이다. 하지만 부러움을 적절히 활용하고 부러움을 느끼는 대상들로부터 배울 수 있다면, 부러움은 삶의 강력한 원동력이 될 수 있다. 그럼 이제 질문을 다음 질문으로 대체해 보자.

어떻게 저렇게 했지?

→ 곤경에 빠졌을 때 어떻게 행동했나?

정확히 무슨 일을 한 거지?

→ 어떤 식으로 말했고, 무슨 수단을 썼지? 어떤 동기가 저 사람을 이끌었을까?

내가 닮았으면 하는 부분은 무엇인가?

→ 대부분은 다른 사람의 원하는 면만 쏙쏙 골라서 닮길 원한다. 오디션 프로그램만 봐도 그렇다. 참가자들은 유명해지기를 원한다. 한마디로 '성공'하고 싶어 한다. 하지만 눈물겨운 노력과 연습, 그리고 숱한 거절을 당한 일은 보지 못한다. 그렇다면 부러워하는 대상에서 내가 원하는 부분은 무엇이고, 원하지 않는 부분은 무엇인가?

답을 찾았다면 다음 질문에 답해 보자. 그 자리에 오르려면 어떻게 해야 할까? 할 수 있는 일을 하나하나 최대한 자세하게 적어 보자.

기꺼이 포기할 준비가 되었는가

부러움을 긍정적인 동기로 사용하여 새로운 목표를 설정하고 과감하게 도전하자. 도전하는 동안, 정말 새로운 목표가 현재 바람인지 아니면 나와 맞지 않는 어떤 목표를 이루기 위한 집착하는지 확인해 보자.

어느 날, 내담자인 엘레나가 전화를 했다. 일자리를 제안받았는데 임금 협상을 함께 준비했으면 한다고 했다. 5년 전부터 엘레나는 이 회사를 위해 1년에 한 번씩 중요한 행사를 조직했다. 엘레나는 행사를 주최하는 동료가 그만두면 그 자리를 대신하는 걸 항상 꿈꿨다.

"행사 주최를 관장하는 일을 하는 동료가 부러웠어요." 엘레나가 말했다. "그래서 공석이 났을 때 그 자리를 차지할 수 있도록 최선을 다했죠."

엘레나는 부러움을 긍정적인 동기로 사용했다. 드디어 그날이 왔다. 오랫동안 일한 동료가 일을 그만두자, 사람들은 엘레나에게 기분이 어떤지 물어봤다.

"사실 올해 행사를 맡지 않고, 제 사업과 가족을 더 챙길 계획이었어요. 하지만 부탁하는데 어떻게 거절할 수가 있겠어요! 돈을 적게 줄까 봐 걱정이에요. 게다가 제 개인 사업을 돌봐줄 사람도 구해야 하죠. 출장도 자주 가야 해서 가족과 함께 보낼 시간이 적어질 텐데….."

'긍정적인 부러움'은 엘레나를 여기까지 이끄는 원동력이 되었지만, 지난 몇 년간 엘레나의 우선순위는 바뀌었다. 엘레나가 항상 원했던 일을 하려면 감수해야 할 게 많았고, 과연 그 모든 것을 감수하면서까지 이 일을 해야 할까하는 의문이 들었다.

이 이야기는 부러움에 대해 마지막 질문을 던진다. 부러워하는 걸 얻기 위해 얼마나 많은 걸 기꺼이 포기할 준비가 되어 있는가?

엘레나는 이 질문에 답을 해봄으로써 최종적인 결정을 내릴 수 있었다. 새로운 일은 좋은 기회가 될 것이다. 그러나 분명 치러야 할 대가가 있기에 엘레나는 개인 사업을 돌봐 줄 사람을 고용하는 데 드는 비용과 근무 시수에 따른 월급, 가족과 자주 시간을 보내지 못할 경우를 고려해서 연봉을 계산했다. 계산한 총금액은 적절해 보였다. 엘레나는 얻을 것과 잃을 것을 저울질한 후 연봉 협상안을 제출했고, 결국 그 자리를 맡게 되었다. 왜 그 자리를 원하는지 자기 자신에게 물어보고 포기해야 할 비용을 구체적인 숫자로 적어냈기 때문에, 그 일을 맡지 못해도 상관이 없었다. 그 자리를 맡지 않아서 얻을 수 있는 이점, 즉 사업을 발전시키고 가족과 시간을 보내는 일도 그만큼의 가치가 있었기 때문이다.

부끄러움

분노가 원천

　죄책감과 부끄러움은 분노의 한 형태다. 자신이 세운 기준을 지키지 못했을 때, 잘못되거나 잘못된 일을 했을 때 죄책감이 들고 부끄러워진다. 죄책감과 부끄러움은 잘못된 행동으로부터 내면을 보호하는 수호자와 같다. 왜 이런 행동을 했는지, 정말 잘못된 행동이었는지, 아니면 잘못된 행동이라고 배워서 잘못되었다고 느끼는 건지 나 자신에게 질문을 던져보라.

　특히 도덕적 원칙에 어긋나거나 타인의 평가가 두려울 때 부끄러움을 느낀다. 월급이 적지 않은데도 왜 매달 말이면 쓴 돈보다 갚아야 할 돈이 더 많을까? 돈 관리를 엉터리로 하고 있다는 걸 부모님이 알게 되면 뭐라고 할까? 아이에게 핸드폰을 사줄 돈이 없다면 다른 엄마들은 나를 어떻게 생각할까? 내가 명품을 살 여유가 없다는 걸 알면 동료들은 어떤 생각을 할까?

부끄러움의 두 가지 유형

칼라 맥라렌Karla McLaren의 저서 『감정의 언어The Language of Emotions』에 따르면 부끄러움에는 두 가지 유형이 있다. 첫 번째는 건강하고 진정한 의미의 부끄러움으로 자신이 세운 규칙을 어기거나 선을 넘었을 때 드는 감정이다. 예를 들어 돈을 잘 관리하고 싶었지만, 계획에 없는 걸 사게 되어 결국 돈 관리에 실패했다면 부끄러움을 느낀다. 두 번째는 외부, 즉 다른 사람의 시선 때문에 느끼는 부끄러움이다. 예를 들어 핸드폰을 갖기에는 아이가 너무 어리지만, 다른 아이들이 핸드폰을 갖고 있기에 핸드폰을 사줘야 할 것만 같다. 돈이 없어도 아이가 핸드폰이 없다는 게 창피해서 자신의 의견을 고집하는 대신 외부의 압력에 굴복한다.

외부로부터 오는 부끄러움은 다른 사람의 시선을 신경 써서 느끼는 감정이므로 스스로 자신을 통제할 수 있는 능력을 잃게 한다. 뱁새가 황새 따라가다 다리 찢어진다는 말처럼, 돈이 없어도 다른 사람들의 수준과 비슷하게 맞춰야 한다는 강박 탓에 부끄러움이라는 악순환에 빠지고 재정적인 어려움을 겪게 된다.

진정한 부끄러움은 내면의 나침반

앞에 언급한 두 가지 부끄러움 중 진정한 의미의 부끄러움에 귀를 기울여야 한다. 진정한 부끄러움은 내면의 나침반으로 현재의 행동이 자신이 세운 도덕적·윤리적 원칙에 어긋난다는 것을 알려준다. 부끄러운 감정이 들도록 내버려 두고 부끄럽다 느끼는 이유에 주의를 기울이면 실수를 인지하고 바로잡을 수 있다.

위를 쥐어짜는 듯하거나, 열이 오르는 것 같다거나, 말문이 막히는 등의 방어본능이 나오는 부끄러움을 느낀다면 생각을 잠시 멈추고 차분한 상태를 유지해보자. 앞 장에서 살펴본, 넷을 세면서 숨을 들이쉬고 여섯을 세면서 숨을 내쉬는 호흡법은 부끄러움을 떨쳐버리고 싶을 때도 유용하다. 두 발을 땅에 대고 땅이 나를 붙잡고 있는 감각을 느껴보자. 부끄러운 감정을 그대로 두고 부끄러움이 말하고자 하는 메시지에 귀 기울여 보자. 감정 관찰이 끝났다면, 감정에 고맙다고 말한 후 정리하고 행동이나 언어를 바로잡자.

취약함을 드러낼 줄 아는 용기

웹사이트를 업로드하고 SNS에 광고를 올리려고 했던 날, 나는 컴퓨터 앞에 3시간 동안 꼼짝없이 앉아있었다. 엔터키를 눌러야 할지 말지 확신이 없었다. 여러 가지 생각이 머릿속을 스쳐 지나갔다. 사람들이 돈과의 관계를 개선할 수 있도록 돕고 싶었다. 하지만 지인들이 나에게 있던 일을 알게 되면 뭐라고 생각하고 말하고 다닐지, 험담하거나 비웃지 않을지, 연락을 피하진 않을지 의구심이 들었다.

머릿속이 복잡해졌다. 경직된 자세로 앉아있던 와중 갑자기 어떤 생각이 떠올랐다. 이야기를 남들보다 맛깔나고 유머러스하게 풀어낼 수 있으니, 다른 사람이 나에 대해 말하기 전에 내가 먼저 털어놓아야겠다고 생각했다. 아무리 뒤에서 이러쿵저러쿵할지라도 내가 먼저 내 이야기를 솔직하게 털어놓으면 아무 말도 못 하리라 생각했다. 더는 쉬쉬할 이야기가 없을 정도로 탈탈 털어놓았는데 욕할 거리가 있을까? 부끄러움을 인정하자, 취약해질 용기가 생겼다. 취약함을 드러낼 수 있는 건 큰 강점이다.

부끄러움 인식하는 법

내면의 진정한 부끄러움과 외부의 시선 때문에 생기는 부끄러움을 어떻게 구분할 수 있을까? 부끄러움이 드는 생각을 살펴보고, 스스로 개선할 수 있는지 아니면 다른 사람의 시선 때문인지 성찰해 보자.

종이와 펜을 들고 '나는 ~해서 부끄럽다'라고 써보자.

'프리랜서가 된 지 10년이 지났는데도 일 없이 3개월간 버틸 자금이 부족해서 부끄럽다.'

→ 바꿀 수 있는 상황 = 진정한 부끄러움

돈의 감정

'고객과 미팅을 하러 갈 때 오래된 차를 타고 가서 부끄럽다'

→ 타인의 기대를 충족시키지 못할까 생기는 두려움 = 외부의 시선 때문에 생기는 부끄러움

만약 지금 고군분투하는 이유가 진정한 부끄러움 때문이라면 내면에서 나오는 용기를 활용해 보자. 손쓸 수 없는 일은 내버려 두고, 변화시킬 수 있는 현실만을 받아들이자. 그리고 이런 변화를 도와줄 사람을 찾자.

"프리랜서가 된 지 10년이 지났는데도 일 없이 3개월간 버틸 자금이 부족해. 그래도 부끄럽지 않아. 어떻게 해야 할지 몰랐을 뿐이야. 이제는 배울 준비가 됐어. 나 좀 도와줄래?"

감정을 수치화 하기

감정을 정확하게 파악하는 법

돈과의 관계를 개선하는 데 감정이 정확히 어떤 도움을 줄 수 있을까?

아마 다들 가계부를 쓰려고 시도해 본 적이 있을 것이다. 나와 내담자들이 오랫동안 고집했던 방법이다. 가계부를 써보라고 여기저기서 추천을 받지 않았는가? 가장 최근에 이삿짐을 쌌을 때, 사무실에서 10권의 가계부를 발견했다. 꼼꼼하게 돈을 관리하겠다는 의욕에 넘쳐 사용 내역을 빠짐없이 적었다. 월말에 가계부를 보면 어디에 돈을 썼는지 한눈에 알 수 있었다. '그래, 잘했어! 드디어 어디에 돈을 썼는지 보이는군. 그런데 이제 어쩌지?'라는 생각이 들었다. 이 정보를 가지고 어디서부터 시작해야 할지 몰랐다.

가계부를 '감정 가계부'로 바꾸니 해답이 보였다. 먼저 인간은 어떤 감정을 느끼거나 느끼지 않기 위해 행동하고, 사고하고, 말한다는 것을 이해해야 한다. 이는 일생의 모든 금전 거래에도 해당한다.

감정 가계부로 현재 내 기분 파악하기

돈 문제는 이성적인 문제뿐만 아니라 감정적인 문제에서 기인한다. 감정을 통제하기 위해 돈을 쓰기 때문이다. 스트레스를 받으면 마사지를 예약한다. 우중충한 겨울 날씨 때문에 우울해지면 빨간색 코트를 쇼핑하며 기분을 북돋으려 한다. 나이가 들었다고 느껴질 때면 값비싼 화장품을 충동적으로 산다. 사랑에 빠지면 쩡한 빨간색 립스틱을 바르곤 한다.

특정한 기분이 들면 지갑을 연다. 감정에 따라 소비습관은 바뀌기는커녕 날이 갈수록 심해진다. 반대의 경우도 있다. 어떤 감정이 들어서 돈을 쓰는 게 아니라 특정한 기분을 느끼려고 지갑을 연다. 감정 가계부는 지출 동기를 파악하는 데 도움이 된다. 돈을 써도 기분이 좋아지지 않는 항목을 걸러낼 수 있다. 감정 가계부의 목표는 기분 좋지 않은 소비를 없애는 것이다. 일반적인 가계부처럼 숫자에 초점을 맞추는 게 아니라 어디에 돈을 쓰면 기분이 좋은지 그렇지 않은지를 간단히 살펴본 후 이에 집중할 것이다. 이렇게 하면 '허리끈을 조이거나' '절약'하거나 소비를 '포기'하거나 '비용을 줄이지' 않고도 지출 패턴을 변화시킬 수 있다. 꿩 먹고 알 먹는 격이다. 기분을 좋지 않게 하는 일들을 인생에서 제거하고, 불필요한 소비도 줄일 수 있다.

감정 가계부에서 가장 중요한 건 감정 척도다. 감정 척도의 범위를 -10~+10으로 수치화하여 돈을 쓸 때마다 느껴지는 감정을 평가해보자.

돈의 감정

감정 척도

지출의 네 가지 유형

    지출에는 네 가지 유형이 있다. 모든 금전 거래는 이 중 하나로 분류된다.

무력감, 불안, 죄책감, 걱정, 분노, 압도, 힐책, 질투, 시샘, 복수, 탐욕, 인색함	안도감, 편안함, 중립적인 감정, 차분함, 평화, 만족감	기쁨, 사랑, 감사, 관대함, 풍요로움, 행복, 자신감, 희망, 결단, 열정

부족(감정 척도: -10~-3)

부족이라는 단어에서 볼 수 있듯이, 무언가가 부족해서 생기는, 거부감 또는 부정적인 감정이 드는 지출을 말한다. 물건을 샀어도 가격이나 물건 자체 때문에 기분이 좋지 않거나 스트레스, 부러움, 두려움 등 부정적인 느낌이 든다.

중립(감정 척도: -2~+2)

지출에 관해 중립적이거나 아무런 감정도 들지 않는 상태다. 가격이나 물건 자체에 대해서도 별다른 생각이 들지 않는다. 지출 외에도 전반적인 감정 상태가 중립적이다.

충만(감정 척도: +3~+10)

사랑, 감사, 풍요, 만족, 관대함 등 긍정적인 감정이 드는 지출이다. 가격과 물건을 생각하면 기분이 좋고 만족스럽다.

회피(감정 척도: -10~-3, '부족'과 동일)

일반적으로 사람은 부정적인 감정을 회피하고 싶어한다. 회피 상태에서는 특정 감정에 무감각해지기 위해서 돈을 쓴다. 내 경우에는 기차역이나 공항에 너무 일찍 도착했는데 책을 가져오지 않았을 때, 기다리는 동안 무료함을 달래기 위해 잡지를 구매했다. 무언가를 할 수 없을 때, 압도당하거나 외로울 때, 또는 스트레스를 회피하고 싶을 때 물건을 구매한다.

회피성 구매를 하고 있지 않은가

마렌은 한 달에 2~3번은 외부 미팅이 있어 카페에서 커피를 사 마신다. 그녀는 감정 가계부를 적으면서 항상 카페에서 마시는 커피를 -4~-5로 평가하는 걸 알게 되었다. 그렇게 놀랄만한 일은 아니었다. 마렌은 진정한 커피 애호가였고 집에는 돈을 주고 산 최고급 에스프레소 머신이 있었다. 또, 카페에서 블렌딩한 공정 무역 원두를 구매해서 마신다. 그걸 알고 있어서인지 그녀의 질문은 복잡하지 않았다. "왜 커피에 돈을 쓰면 기분이 안 좋을까요?" 대신 "왜 맛없는 커피를 매번 사 마실까요?"라고 물었다.

답은 비교적 간단했다. 장소에 일찍 도착해서 약속 시간까지 시간을 때우거나 긴장을 가라앉히기 위해 커피를 마셨다. 참고로 카페인은 긴장을 가라앉히는 데 그다지 효과적이지 않다. 대표적인 회피성 구매다. 마렌이 실제로 원했던 건 커피가 아니라 시간을 때우면서 주위를 다른 데로 돌리거나 긴장을 가라앉히는 거였다. 이걸 깨달은 후 마렌은 너무 일찍 도착했을 때를 대비해 책을 가지고 다녔고, 핸드폰에 명상 앱을 내려받아 두었다. 긴장될 때마다 책과 명상 앱은 침착함을 유지할 수 있도록 도와주었다.

돈을 쓰는 방식은 가격이나 물건 그 자체와는 무관하다. 물건이 저렴하다고 해서 아무런 감정이 안 들거나 만족스러운 상태에 이르는 것도 아니고, 비싸다고 해서 바로 돈이 부족한 상태가 되는 것도 아니다.

물건을 살 때 내 기분 파악하기

예를 들면, 빵을 살 때 일어날 수 있는 네 가지 유형의 시나리오를 생각해 볼 수 있다. 당신은 이럴 때 실제로 어떤 기분이 드는지 알아보자.

충만:

기분이 좋은 데다 시간도 많으니 제일 좋아하는 빵집에 간다. 빵집에 들어서니 친한 친구 두 명이 함께 앉아있는 모습이 눈에 들어온다. 친구들 옆에 앉아 동네에서 가장 맛있는 에그 샌드위치를 주문한다. 한 시간 후 가게를 나가면서 동전 몇 개를 팁으로 준다. 기분이 너무 좋다. 멋진 인생이다. 좋은 친구들과 시간을 보낼 수 있어서 감사하다. 돈뿐만 아니라 우정이나 애정 면에서도 전반적으로 충만한 상태에 있으며, 충분한 지지를 받고 있다. 샌드위치와 팁은 충만한 느낌이 드는 지출이다.

중립:

운전을 오래 해야 하니까 먹을 걸 사야겠다. 길모퉁이에 있는 작은 가게에 재빨리 들러 샌드위치를 산다. 어떤 종류의 샌드위치든 가격이 얼마든 상관없다. 샌드위치를 들고 다시 차에 올라 운전을 시작한다. 차분하고 여유롭다. 이 빵에 대한 감정은 중립적이다.

부족:

다음 고객이 올 때까지 15분이 남았다. 아침 먹을 시간이 없었다. 아침을 못 먹었더니 피곤하다. 가볍게 빵을 데워 먹고 싶지만, 집에 빵이 없다. 집에서 나와 길모퉁이에 있는 카페에서 빵을 먹어야겠다. 아침 시간이 늘 그렇듯이 가게에 줄이 길게 서 있고, 빵을 주문하는 손님들은 이것저것 까다롭게 요구한다. 기다리면 기다릴수록 답답하다. 제때 냉장고를 채워 놓지 않은 나에게 화가 난다. 고객이 오기 정확히 1분 전, 드디어 내 차례가 왔다. 서둘러 주문하고 1초라도 아끼기 위해 계산대에 돈을 던지다시피 빵값을 낸다. 마음이 급하고 답답하다. 돈 자체가 부족하진 않지만, 이 소비는 부족한 상태로 분류되어야 한다.

회피:

나는 매주 토요일 아침마다 거리에 있는 작은 빵집에 들러 빵을 산다. 감정 가계부를 읽다 보면 왜 이 빵을 -4 내지 -5로 평가했는지 모르겠다. 다음 번에는 좀 더 깊이 생각해 봐야겠다. 사실 밖에서 빵을 먹고 싶은 게 아니라 그냥 평화롭고 조용하게 있고 싶다는 걸 깨달았다. 금요일마다 룸메이트의 남자친구가 집에 와서 자고 가서 토요일 아침에 빵집으로 도망치는 거였다.

감정 가계부를 쓰면
새는 돈이 보인다

모든 수입과 지출은 감정 가계부에 적어라

이 장에서는 감정 가계부 사용법을 다룰 것이다. 아주 쉽다. 이제부터 현금이든 카드든 하루의 모든 지출을 감정 가계부에 적는다. '모든'은 말 그대로 모든 내용을 샅샅이 적는 걸 의미한다. 500원짜리 빵, 아이들 용돈, 주유비, 식비(식비는 총액만 적는다. 품목별 가격을 적지 않아도 된다) 등 해당란에 지출을 쓰고 즉각적으로 어떤 느낌이 드는지 해당하는 숫자에 동그라미를 치자. 어떤 느낌이 드는가? −4든 −5든 상관없다.

첫 번째 단계는 일반적인 경향에 관한 것이다. 그러니 깊게 생각하지 말고 머릿속에 첫 번째로 떠오르는 숫자를 표시해보자. 첫째 주는 일단 지출만 다룬다. 수입을 관리하고 평가하는 게 중요한 이유는 나중에 5장에서 다룰 것이다.

첫째 주에는 나 자신을 관찰하는 게 가장 중요하다. 아무것도 바꿀 필요가 없다. 개인적으로 호기심이 관찰의 가장 좋은 동행자라고 생각한다. 옆에 앉아 편견 없이 모든 걸 기록하는 연구자가 되었다는 각오로 자기 자신과 행동, 기분을 관찰해 보자. 그리고 일주일에 한 번씩 입출금 명세서를 출력하고 명세서상의 모든 지출을 평가하는 걸 잊지 말자.

지금부터 일주일간, 수입과 지출을 기입하고 그 돈을 지출할 때마다 어떤 기분이 들었는지 적어보자.

지출/수입	설명	금액

-10 -9 -8 -7 -6 -5 -4 -3 -2 -1 0 1 2 3 4 5 6 7 8 9 10

지출/수입	설명	금액

-10 -9 -8 -7 -6 -5 -4 -3 -2 -1 0 1 2 3 4 5 6 7 8 9 10

지출/수입	설명	금액

-10 -9 -8 -7 -6 -5 -4 -3 -2 -1 0 1 2 3 4 5 6 7 8 9 10

지출/수입	설명	금액

-10 -9 -8 -7 -6 -5 -4 -3 -2 -1 0 1 2 3 4 5 6 7 8 9 10

지출/수입	설명	금액

-10 -9 -8 -7 -6 -5 -4 -3 -2 -1 0 1 2 3 4 5 6 7 8 9 10

돈의 감정

지출/수입	설명	금액

-10 -9 -8 -7 -6 -5 -4 -3 -2 -1 0 1 2 3 4 5 6 7 8 9 10

지출/수입	설명	금액

-10 -9 -8 -7 -6 -5 -4 -3 -2 -1 0 1 2 3 4 5 6 7 8 9 10

감정 가계부 평가하기

일주일간 기록을 끝마쳤다면 이제 무엇을 해야 할까? 정말 재밌는 일이 기다리고 있다. 감정 가계부를 평가해보자! −10에서 −3으로 평가한 모든 지출을 살펴보고, 다음 질문을 던져보자.

이 돈을 썼을 때 어떤 기분이 들었는지 가능한 한 구체적으로 답변해보자. 지금 드는 기분을 특정하기 어렵다면 감정 척도를 참고하자.

무슨 목적으로 이 돈을 썼는가?
이 지출에 대안은 무엇인가?

다음 네 가지 대안이 있다.

1. 앞으로 지출하지 않는다

잡지를 구독하는 데 돈을 쓰고 있었다니 짜증 난다. 읽을 시간도 없는데 잡지를 정기 구독하고 있었다. 구독을 취소한다.

2. 지출을 바꾸려고 노력한다

필요할 때 정원사가 오지 않았는데도 덤불 손질 비용을 냈다는 사실이 짜증 난다. 친구 중 한 명은 부가가치세 신고를 준비하는 게 그렇게 싫다고 했다. 그래서 서로의 일을 대신해 주기로 했다. 친구는 우리 집 마당의 덤불을 잘라줬고 나는 부가가치세 신고를 도와줬다. 그렇게 우리는 돈을 따로 쓰지 않고 원하는 것을 얻을 수 있었다.

3. 지출 내용을 개선한다

내담자는 출근길마다 빵집에서 샌드위치를 샀고, 매일 아침 짜증이 났다. 샌드위치는 너무 비쌌고 맛도 없었다. 그래서 계획적으로 장을 보는 습관을 들였다. 매일 아침 10분씩 일찍 일어나 맛있게 샌드위치를 싸거나 빵을 싸갈 수 있었다. 이렇게 돈을 쓰니까 기분이 나아졌다.

개선하기 어려운 지출도 있다. 하지만 개선할 여지는 언제든지 있다. 예를 들면 나는 분기별로 세금을 내는 걸 언제나 매우 부정적으로 평가했다. 하지만 청구서를 받을 때마다, 내야 할 세금을 즉시 다른 통장에 옮겨 놓았다. 세금을 내야 하는 시기가 돌아오면 통장에서 해당 금액을 세무서로 이체하기만 하면 됐다. 그렇게 지출을 부족한 상태에서 중립적인 상태로 바꿀 수 있었다.

4. 지출에 대한 해석을 개선할 수 있다

일부 지출은 피할 수 없지만 지출에 대한 해석은 바꿀 수 있다. 대표적인 예는 세금이다. 세금 내는 걸 좋아하는 사람은 아무도 없다. 예전에는 세금을 낼 때면 '도둑놈들'이라는 말이 절로 나왔다. 세금을 낼 때마다 짜증 난다고 해서 현실을 바꿀 수 있는 건 아니다. 착취 또는 이용당했거나 사기를 당했다고 계속해서 느낄 뿐이다. 이용당하면서도 아무것도 할 수 없는 피해자처럼 느껴지는건 단순히 지출에 관한 해석일 뿐이다. 일단 언제나 선택의 여지가 있다는 걸 기억해야 한다.

세금의 예시로 돌아가 보자.

- 일을 그만둔다. 또는 매우 낮은 임금을 받고 일한다.
- 지금까지 일해온 것처럼 계속해서 일하면서 세금 납부를 거부한다. 언젠가는 감옥에 가게 될 것이다.

두 가지의 선택지가 있지만, 대부분은 그러한 선택을 했을 때 생기는 결과가 마음에 들지 않는다.

그럼 해석을 바꿔보자. 누구나 알다시피 돈을 버는 일자리를 얻은 순간 세금을 내야 한다. 세금을 국가가 '뺏어가는 돈'이라고 생각하면 나 자신이 약자처럼 느껴지고 기분이 좋지 않다. 그러므로 관점을 바꾸어야 한다. 이 돈은 애초부터 내 것이 아니었다. 세무서가 돈이 필요할 때까지만 맡아달라고 한 돈이다. 애초부터 세후 월급만이 내 돈이었다. 나머지는 국가의 인프라를 유지하는 기관에 들어가는 돈이다.

코로나19가 유행하던 중에 열린 마지막 워크숍에서 세금을 주제로 이야기한 적이 있다. 한 참가자는 월급에서 떼어가는 돈이 너무 많다고 불평했다. 특히 그중 세금은 눈엣가시였다. 다른 참가자는 몇 주 전까지만 해도 자기도 그렇게 생각했다고 말했다. 하지만 코로나19로 위기에 봉착하자 까다로운 절차 없이 정부로부터 재난지원금을 받을 수 있었고, 세금에 관한 생각이 180도 변하는 계기가 되었다. 처음으로 세금이 얼마나 다양하게 쓰이는지 알게 되었으며 "이 순간 국가가 나서서 도와주리라 생각하니 눈물이 차올랐어요."라고 고백도 듣게 되었다.

세금처럼 꼭 필요하지만, 내기는 아까운 돈이 있다. 전기료를 내지 않을 수도 있고, 전기 없이도 살 수 있다. 차에 기름을 넣는 대신 걷거나, 자전거를 타거나, 대중교통을 이용할 수도 있다. 고장 난 세탁기를 수리하지 않는 대신 손빨래해도 된다. 여기엔

돈의 감정

'그렇게 살고 싶은가?'라는 답이 항상 뒤따른다.

　나아가 가격과 편의를 계산하는 방법도 있다. 한 내담자는 슈퍼마켓에서 장을 보는 걸 자주 부정적으로 평가한다는 걸 깨달았다. 이런 경우 구매 목록을 살펴볼 필요가 있다. 구매 목록을 살펴봄으로써 내담자는 기분을 나쁘게 하는 게 총 구매액이 아니라 버터의 가격이라는 걸 알게 됐다. 버터 가격 때문에 모든 게 부정적으로 느껴진 것이다. 그래서 내담자와 슈퍼마켓에서 장을 보고도 긍정적인 감정을 느낄 수 있도록 연습했다.

　옵션 1: 앞으로 버터를 사지 않는다.
　→ 절대 불가능하다. 아침에 커피를 마시지 않으면 안 되는
　　사람들처럼 버터 없는 빵은 상상할 수 없다.

　옵션 2: 버터를 다른 것으로 대체한다.
　→ 안 된다. 첫 번째와 같은 이유다.

　옵션 3: 버터 가격에 더 나은 해석을 붙인다.

　비용과 편익을 계산하는 데 도움이 되었다. 내담자는 14일 동안 버터 한 개를 먹었고, 버터 한 개는 2,600원이다. 여기서 질문을 던졌다. 버터 바른 빵을 먹기 위해 매일 아침 185원을 낼

의향이 있는가? 그렇다. 매일 버터값은 185원밖에 안 됐다. 그렇게 문제가 해결됐다.

이런 계산은 사야 할지 말아야 할지 확신이 들지 않는 모든 물건에 적합하다. 그 당시 나는 고품질이지만 가격이 비싼 매트리스를 사기로 마음을 먹었다. 허리를 위해 할 수 있는 최선의 일이라는 걸 알았지만, 가격을 보니 망설여졌다. 그래서 계산해보았다. 10년간 품질이 보장되는 매트리스였다. 나는 매일 밤 1,300원을 내고 잘 가치가 있는 사람일까? 당연하다!

감정 가계부 평가 예시

예시를 들기 위해 내 감정 가계부의 일부를 발췌했다.

지출/수입	설명	금액
지출	슈퍼마켓	23만 원

-10 -9 -8 -7 -6 -5 -4 -3 -2 -1 0 1 2 3 4 5 6 ⑦ 8 9 10

지출/수입	설명	금액
지출	미용실	16만 원

-10 -9 -8 -7 -6 -5 -4 -3 -2 -1 0 1 2 3 4 ⑤ 6 7 8 9 10

지출/수입	설명	금액
지출	강아지 미용	4만 원

-10 -9 -8 -7 -6 -5 ④ -3 -2 -1 0 1 2 3 4 5 ⑥ 7 8 9 10

지출/수입	설명	금액
지출	공영방송 수신료	2만 3천 5백 원

-10 -9 -8 -7 ⑥ -5 -4 -3 -2 -1 0 1 2 3 4 5 6 7 8 9 10

돈의 감정

지출/수입	설명	금액
지출	외식	4만 4천 원

-10 -9 -8 -7 -6 -5 -4 -3 (-2) -1 0 1 2 3 4 5 6 7 8 9 10

지출/수입	설명	금액
지출	외식	10만 원

-10 -9 -8 -7 -6 -5 -4 -3 -2 -1 0 1 2 3 4 5 6 7 (8) 9 10

지출/수입	설명	금액
지출	부가가치세	23만 원

-10 -9 -8 -7 -6 -5 -4 -3 -2 -1 (0) 1 2 3 4 5 6 7 8 9 10

- 슈퍼마켓: 다음 10일간 먹고 마실 걸 충분히 사 놓았다. 장을 봐야 한다는 걱정이 사라져서 완전히 만족스럽다.

- 미용실: 1년에 두세 번 미용실에 간다. 미용실에 갈 때마다 소소한 휴식을 취한다. 누군가가 3시간 동안 나를 챙겨주고, 두피 마사지도 해준다.

- 강아지 미용: 강아지가 미용하면서 얼마나 스트레스를 받는지 알기에 한편으로는 부족한 지출에 속한다. 게다가 한 시간 내내 긴장돼서 동물 병원 앞을 왔다 갔다 한다. 다른 한편으로는 강아지 미용을 끝내고 나면 강아지도 나도 행복하다. 그래서 결국 긍정적인 지출이다.

- 공영 방송 수신료: 아파트는 내 명의로 되어 있지 않지만, 어땠든 방송 수신료는 내야 한다. 공영 방송 수신료를 생각하면 신경질이 난다. 이 경우에는 다르게 해석하는 게 도움이 될 수 있다. 집주인과의 임대 계약서에 서명한 주

세입자에게 방송 수신료를 내고, 그 대가로 주 세입자는 나의 웹사이트와 이메일 계정 비용을 내준다. 그렇게 생각하면 손해를 본 건 없다.

- 외식 1: 정말 외식을 하고 싶었다. 그러나 음식점 서비스가 좋지 않았다. 같은 돈으로 집에서 해 먹었더라면 더 맛있게 먹을 수 있었을텐데 다시는 그 음식점에 가지 않겠다.

- 외식 2: 짧은 기간 발렌시아를 여행하면서 사랑하는 사람과 멋진 레스토랑에서 식사했다. 음식과 음료는 정말 맛있었고, 서비스도 훌륭했다. 발렌시아 평균 음식점 가격보다 두 배나 비쌌지만 아무 상관없었다.

- 부가가치세: 부가가치세는 애초부터 내 돈이 아니었다. 단순히 받은 걸 전달할 뿐이다. 완전 중립적인 지출이다.

처음 감정 가계부를 평가할 때 시간을 넉넉히 투자하자. 편안한 마음으로 평가하기 위해서는 주변 환경을 최대한 쾌적하게 만든다. 가장 좋아하는 소파 자리에 앉아 차나 코코아를 마시면서, 담요를 덮거나, 여름이라면 테라스에서 맨발로 잔디를 느끼며 감정 가계부를 평가할 수 있다. 한 문제에 대한 답을 떠올릴 수 없으면 잠시 제쳐놓고 나중에 다시 생각해 보자.

만약 지출을 멈추거나 다른 지출로 대체할 수 없다면 긍정적인 면을 찾아보자. 예를 들어 휘발유의 경우, 자차 대신 대중교통을 탔다면 출근에 1시간이 더 걸리고 장바구니를 들고 집에 돌아가는 버스를 타야 한다는 걸 생각해 보자.

　나 자신을 속이라는 게 아니다. 이 연습은 처음에는 쉽지 않다. 하다가 포기하고 싶을지도 모른다. 하지만 이 연습을 통해 자신의 삶을 새롭게 바라보고, 알고 싶지 않았던 나의 모습을 발견할 것이다. 돈과 건강한 관계를 구축하고 싶다면 나 자신에게 솔직해지는 법을 배워야 한다. 그래야 마음에 들지 않는 점을 바꿀 수 있다.

돈을 쓰면 어떤 기분이 드는가

내 감정을 모르겠다면

앞에서 살펴본 마렌의 커피 이야기는 많은 사람에게 깨달음을 주었다. 스페인에서 만난 마를렌도 그 이야기에 공감했다. 마를렌과 남편은 프랑스에 사업가를 위한 자기 계발 센터를 운영하고 있었다. 스페인에 있는 센터도 그 일환이었다. 마를렌은 나를 찾아오기 전, 남편과 마주 보고 앉아 회사에 대한 여러 가지 결정을 내렸다. 그중에는 개인적인 돈과 회삿돈을 더 철저하게 분리하는 일도 포함되어 있었다. 마를렌과 남편은 법인 카드를 하나로 통일하자고 결론을 내렸다. 법인 카드는 항공편 예약에만 쓸 수 있고, 다른 여비로는 사용하면 안 됐다.

첫 상담에서 나는 마를렌에게 감정 가계부를 쓰라고 숙제를 내주었다. 2주 후 마를렌을 다시 만났을 때 나는 그녀에게 어떻게 지내는지, 지출에 특이점이 있는지 물었다.

"너무 바보 같아서 입 밖으로 이야기할 수가 없어요." 마를렌이 말했다.

잠깐, '너무 어리석다/웃기다/바보 같다'라고 생각할지라도 사실 그렇지 않다. 자세히 살펴보자. 왜 그럴까?

마를렌의 예시로 돌아가자. 그녀는 프랑스행 비행기에서 6,000원을 주고 마신 커피를 -5로 평가했다.

"왜 그런지 모르겠어요."

6,000원은 사실 푼돈이다. 하지만 이 문제는 2주가 지난 지금도 짜증이 난다.

"왜 그런지 모르겠어요. 그냥 짜증이 나요."

'모르겠어요'라는 감정이 들면 지금 바로 살펴볼 신호다. 왜 자신이 바보같이 느껴지는지 아는 사람은 나 자신뿐이다. 이 경우에도 '모르겠어요'는 말이 안 된다.

돈은 내가 어디서 성공하고 실패하는지 보여준다

이렇게도 물어보고 저렇게도 물어보고 몇 번 돌려 질문한 후에야 문제의 핵심에 도달할 수 있었다. 마를렌은 회사에서 너무 일이 많아 짜증이 났다. '젠장, 내 돈으로 커피를 사서 마셔야 한다니. 법인 카드도 없는 신세가 됐어.'

법인 카드를 다시 회수해갔을 때, 마를렌은 존중받는다고 느끼지 못했다. 마를렌은 대화를 나누면서 회사에서 동료들의 일을 자주 맡아서 해준 적이 있다는 걸 깨달았다. 잘하는 일과 돈이 되는 일을 할 시간과 에너지를 빼앗겼는데도 커피를 자기 돈으로 사 마셔야 했다. 나도 답답했을 것이다.

하지만 사소한 커피 한 잔 때문에 마를렌은 회사 일이 잘 풀리지 않는다는 걸 깨달았다. 그래서 프랑스로 돌아가 회사 구조를 재편하기 시작했다. 직원 한 명의 부서를 옮기고 다른 직원을 위해 새로운 직책을 마련해 주었다. 그래서 마를렌은 자신의 강점을 살리면서 관리자 일을 맡을 수 있었다.

돈은 어디에서 성공하고 실패하는지를 보여주는 거울과 같다. 이 상황에 맞는 또 다른 비유를 덧붙이고 싶다. 돈은 손전등에서 나오는 빛과 같다. 손전등에서 나오는 빛처럼 좁은 곳을 비춘다. 마를렌의 경우, 커피에 해당한다. 장소는 왜 그런 감정이 들었는지 의문만 제기할 뿐 아무런 정보를 알려주지 않는다. 하지만 천장 등을 켜면 손전등이 빛을 비추는 구역은 방의 아주 작은 일부분이었고 방에는 생각보다 훨씬 더 많은 물건이 있다는 걸 깨닫게 된다. 천장 등을 켜고 방을 찬찬히 살펴보면서 무엇이 필요한지, 무엇을 바꾸고 싶은지, 무엇이 남아있어야 하는지 생각해 보자. 마를렌이 한 것처럼 말이다.

4장

[사랑]
돈을 내 것으로 만드는
최고의 결정

사랑과 돈은 보이지 않는 에너지

나는 나를 사랑하는가?

감정에 관해 이야기할 때 빠져서는 안 되는 게 있다. 바로 사랑이다. 인생에서 맺는 모든 관계를 지탱하는 가장 중요한 기둥 중 하나로 낭만적인 사랑, 정신적인 사랑, 어머니를 향한 사랑, 아버지를 향한 사랑, 형제를 향한 사랑, 친구를 향한 사랑 등 사랑은 다양한 형태로 존재한다. 심지어 일, 애완동물, 자동차를 사랑하기도 한다.

조금 더 쉬운 사랑의 형태가 하나 있다. 그게 무엇인지 바로 살펴보자. 마지막으로 '사랑해'라고 말한 게 언제였는가? 그리고 누구에게 사랑한다고 말했는가? 나는 매일 밤 잠자리에 들기 전 강아지에게 사랑한다고 말한다.

거울을 보며 '사랑해'라고 마지막으로 말한 적이 언제인가? 예를 들면 나는 점원, 버스 운전사, 동료, 친구 등을 만나면 활짝 웃으며 인사한다. 그런데 아침에 거울을 볼 때는 어떤가? 아무런 미소도 짓지 않는다.

어렸을 때부터 부모님과 할머니, 할아버지에게 "너 자신을 특별하게 여기면 안 된다. 넌 특별하지 않아."라는 말을 많이 듣고 자랐다. 그 말은 옳다. 나는 평범한 사람이다. 하지만 왜 나 자신을 특별하지 않게 대해야 하는가? 왜 다른 사람보다 나 자신을 안 좋게 대우하는가? 왜 거울 속에 나를 보고 미소를 짓지도 못하는가?

자기애는 일반적으로 어려운 형태의 사랑이다. 만약 내가 "남자친구를 사랑해."라고 말해도, 이 말을 듣는 사람은 내 남자친구가 어떤 실수도 하지 않는 완벽한 슈퍼맨이라고 기대하지 않을 것이다. 장점도 있고 단점도 있는 사람을 만나 사랑에 빠졌다고 생각할 것이다.

그러나 "나 자신을 사랑해."라고 말하면 좀 이상하게 들린다. 이기적이거나 나르시시스트 같다. 타인을 사랑하거나 타인의 사랑을 받기 전에 나 자신을 먼저 사랑해야 한다는 말을 귀에 딱지가 앉을 정도로 들었지만, 이는 꾸며낸 문장에 불과하다. 머리로는 알아도 가슴에는 와닿지 않는다. 자기 자신에게 터무니없게 높은 기준을 세우기 때문에 나 자신을 있는 그대로 받아들이는 건 불가능하다. 사람들은 자신에게 자랑스러울만한 신체 부위, 뛰어난 언어 능력, 엑셀을 다루는 재능 등의 장점이 있다는 걸 안다. 하지만 너무 큰 웃음소리라든가, 음치라든가, 거미를 두려워한다든가, 너무 큰 코라든가. 정리엔 젬병이고, 유머 감각이 없고, 가방끈이 짧고, 똑똑하지 않고, 까다롭고, 붙임성이 없다는 등의 단점을 쉴새없이 찾아내서 나 자신을 사랑할 가치가 없게 만든다.

"나 자신을 사랑해."라고 말하는 게 어렵다면 "내 돈을 사랑해!"라고 말해 보자. 아무도 나에게 가까이 다가오려고 하지 않을 것이다. 대부분은 돈을 사랑한다고 말하는 건 그 어떤 것보다 저급하다고 생각한다.

돈의 감정

돈을 사랑할 준비가 되었는가

사랑은 내가 결정하는 것

사람들은 흔히 사랑은 우리에게 일어나는 일이라고 생각한다. 딱 꼬집어서 말할 수 없는 '일'은 과학적으로 말하면 화학작용일 것이고, 낭만적으로 말하면 운명의 융합일 것이다. 하지만 파트너와의 관계, 나 자신과의 관계, 그리고 돈과의 관계에 있어서 사랑은 결정이다. 우리는 매일 새로운 결정을 내릴 수 있다.

내가 진행하는 온라인 강좌에서는 매일 돈에 관한 질문을 던진다. 그중 하나는 바로 '돈을 사랑할 준비가 되었는가?'라는 질문이다.

수강생 중 한 명인 마리가 질문의 개념을 벗어나는 답을 했다. "돈이 없으면 세상을 살아갈 수 없다는 걸 인정하려고 애쓰고 있어요. 돈의 속성이 원래 그렇다는 걸 참고 견디는 방법을 배우는 게 나을지도 몰라요. 그런데 사랑이 웬 말인가요?"

돈을 사랑하라는 말이 낯설게 다가왔을 것이다. 마리는 돈과 원만한 관계를 맺고 있지 않았기 때문에 온라인 강좌에 참여했다. 3주간 천천히 그리고 신중하게 돈을 연구한 후에도 돈을 사랑하지 못할까 봐 두려워했다. 두려움이 드는 건 어찌 보면 당연하다. 돈을 사랑할 준비가 되어 있지 않기 때문이다.

정상적인 관계는 이렇게 진행된다. 누군가를 만나면 호감을 느끼게 된다. 이야기를 나누고 다음에 만날 약속을 잡는다. 그리고 다시 만나 상대방을 이해하고, 어떤 사람인지 알아간다. 어느 순간 그 사람이 마음에 든다. 상대방을 더 자주 생각하게 되고 더 좋아하게 된다. 좋거나 나쁜 일이 생기면 상대방과 바로 공유하고 싶다. 함께 계획을 세우고 신뢰를 쌓는다. 서로의 곁에 있어 준다. 몇 주, 몇 달이 지나고 즐겁게 지내다 보면, 그 또는 그녀와 사랑에 빠진다.

신뢰가 뿌리내릴 시간

며칠 또는 몇 주만에 사랑에 빠지기는 어렵다. 예전에 만났던 어떤 남자는 데이트한 지 3주밖에 되지 않았는데, 계속해서 사랑한다고 말하며 자신을 사랑하냐고 물었다. 기분이 썩 좋진 않았다. '내가 어떤 사람인지 잘 알지도 못하면서 어떻게 날 사랑하지?'라는 생각이 들었다. 진실한 사랑은 사랑이 커가고, 신뢰

돈의 감정

가 뿌리내릴 시간이 필요하다.

　사랑에 빠지는 것은 뇌의 화학적 반응이다. 누군가를 사랑하는 건 나와 잘 맞는다고 느낄 때 내리는 일종의 결정이다. '잘 맞는다'는 건 모든 게 완벽하다는 뜻은 아니다. 완벽하다고 규정하는 건 객관적인 완벽과는 거리가 있으므로 어떤 면에서는 완벽하다고 할 수 있겠다. 그러나 사람들은 완벽이란 말을 들었을 때 무균의 상태나 아파트 모델하우스를 떠올린다. 생활지에 실린 사진을 보고 '근데 전등과 텔레비전, 컴퓨터 케이블은 어디 있으려나?'라고 의심하지 않고 그저 보이는, 완벽한 환경을 생각한다.

　내 생각에 완벽이란 내 인생에 꼭 맞는 것이다. 조각의 모서리가 딱 들어맞아 매끄럽게 연결되는 것, 매끄럽지 않은 부분을 마찰시켜 부드럽게 만들지, 아니면 그 부분을 그대로 내버려 둘지 생각하게 하는 게 바로 완벽이다. 완벽은 서로가 최고의 모습을 향해 갈 수 있도록 용기를 북돋아 주는 것이다.

돈을 현명하게 사랑하는 법

돈을 사랑하겠다고 결정하라

그렇다면 나에 대한 사랑과 돈을 향한 사랑에서 완벽이 시사하는 바는 무엇일까? 자신을 대하듯 돈을 대해야 한다. 관심을 가지고 서로를 알아가고, 혼자, 그리고 돈과 함께 시간을 보내야 한다. 또, 나의 강점과 약점을 알고 모두 포용하는 법을 배우며 어느 순간, 나 자신을 사랑하고 돈을 사랑하겠다는 결정을 내린다. 이 수준에 다다르면 완벽하지 않은 것을 보고 자책하거나 비난하는 걸 그만두어야 한다. 우리는 할 수 있는 범위 안에서 매일 최선을 다하면 된다. 지난날을 돌이켜보면서 '그렇게 하지 말걸.'이라고 후회하기는 쉽다. 그 당시에 있는 정보를 최대한 이용하여 최선의 결정을 내렸다. 하지만 만약 그 순간 다른 선택지가 있었다면, 다른 결정을 내렸을 것이다! 자, 이제 많은 걸 깨달았으니 지금부터는 예전과는 다른 결정을 내려보자.

자신에게 친절하라

이제는 무언가를 바꾸고 싶은 인생의 시점이다. 마음에 들지 않았던 과거의 일을 살펴보자. 정말 용기 있고, 대담한 일이다. 자, 이제 다음 문장을 꼭 가슴에 새겨두자.

나 자신에게 친절하게 대하라.

누군가와 막 사귀기 시작했다고 상상해 보자. 그 사람이 돌부리에 걸려 넘어지거나, 빙판길에 미끄러진다 해도, 너무 설레서 말을 더듬는다고 해도 최악이라고 생각하지 않는다. 이제부터 자신도 그렇게 대하면 된다. 자신과 새로운 관계를 시작하자. 연인을 대하듯 나를 사랑스럽고 너그럽게 대하며 알아가면 나 자신에게 진정한 호감을 느끼게 된다.

실수를 저질렀을 때 나 자신을 처벌하는 것은 이상한 사회 현상이다. 몇 년 전, 말을 조련하는 코치와 워크숍에 참석했을 때 얻은 깨달음이다.

나를 포함한 4명이 한 조였는데, 우리에게 말고삐를 매는 과제가 주어졌다. 우리는 한 줄로 몸을 숙여야 했다. 옆에 서 있던 두 명은 손만 자유롭게 움직일 수 있었고, 중간에 있는 두 사람 중 한 명은 해야 할 일을 지시할 수 있었고, 다른 한 명은 어느 방향으로 움직여야 하는지만 알려줄 수 있었다.

코치는 "여러분 중 한 명이 하면 안 되는 일을 했을 때, 어떻게 해야 할지 생각해 보세요."라고 말했다.

5분간 머리를 맞대고 할 수 있는 일을 생각했다. 마사 한 바퀴 돌기, 마구간 청소, 풀밭에서 20번 팔굽혀펴기 등을 생각했는데 결국 잔디밭에서 윗몸일으키기 10번을 하는 벌칙을 세운 후 말고삐를 맬 수 있었다.

운이 좋아서 화합이 잘 됐다. 언제나 그렇듯 아무런 실수 없이 과제를 마쳤다. 그 후 코치는 누군가 실수를 했을 때 어떻게 하기로 했냐고 물었다.

"잔디밭에서 윗몸일으키기를 10회 하기로 했어요."

"한 팀이 되어 서로를 껴안고 '자, 한 번 더 해보죠. 할 수 있어요. 파이팅!'이라고 격려하거나 '커피 한 잔 마시면서 5분만 쉬죠.'라고 말할 수도 있었을 텐데요."

아, 이런! 몰랐다. 이런 생각을 할 수 있는지 조차 몰랐다. 누군가가 실수를 저질렀을 때 그 사람을 나무라는 대신 실수를 본보기 삼아 다시 시도해 본다면 얼마나 좋을까? 뭔가 잘 풀리지 않았을 때 나 자신을 꾸짖는 대신에 정말 좋은 일을 했다면 어떨까?

한번 시도해 보자. 훌훌 털어버리고 싶은 일이 있을 때 앉아서 따뜻한 코코아를 마셔보자. 5분간 좋아하는 담요 속에서 몸을 녹이거나, 좋아하는 향수 냄새를 맡거나, 초콜릿을 먹어도 좋

돈의 감정

다. 실수를 되돌릴 수는 없지만, 기분의 좋고 나쁨은 제어할 수 있다.

호기심을 가져라

자신의 행동을 돌아볼 때, '어떻게 이런 멍청한 짓을 할 수 있지?'라며 짜증나는 어조로 말하지 말고, 호기심을 가지고 '내가 왜 그랬을까?'라고 물어보는 건 어떨까? 나를 이끌어주는 연구원처럼 나 자신을 대하고, 내 행동과 사고를 평가하는 대신 관심을 가지고 스스로를 관찰해 보자.

문제라고 생각하는 점도 마찬가지다. 호기심은 최고의 동반자다. 나 자신에게 '현재의 생각이나 행동이 어떤 문제의 답이 될 수 있는가? 그리고 현재의 믿음이나 행동을 지속한다면 어떤 문제를 피할 수 있을까?'라고 물어보자.

현재의 문제가 되는 행동은 한 때 다른 문제의 해결책이 됐을 때도 있었다. 나 자신을 보호하기 위해 문제가 되는 행동을 만들어냈을 수도 있다.

말수가 엄청나게 적은 어떤 사람이 콘퍼런스에서 다른 사람에게 강연해야 한다면 문제가 될 수 있다. 그렇다면 다음을 생각해보자. 왜 말수가 적어진 걸까? 말을 아껴서 자신을 보호한 적이 있었던가?

이 사람은 예전에 어머니가 무언가를 제안했을 때 아버지가 무례하게 말을 가로막는 분위기 속에서 자랐을 수도 있다. 아니면 반대로 아버지의 말을 어머니가 중간에 끊었을 수도 있다. 어린 시절 부모님의 모습을 관찰하면서 '아무 말도 하지 않으면 난 안전할 거야.'라고 생각해서, 나 자신을 보호하기 위해 말을 아꼈을 수도 있다.

이제는 부모님으로부터 나 자신을 보호할 필요가 없다. 그래서 말수가 적은 건 해결책이 아니라 문제가 돼버렸다. '현재 생각이나 행동이 어떤 문제의 답이 될 수 있는가?'라는 질문을 함으로써 자신의 문제를 안타깝게 바라보고, 지금의 문제가 한때는 해결책이었다는 걸 깨달을 수 있다. 한때 해결책이었던 문제에 정성을 담아 감사를 표하고, 그 해결책을 떠나보낼 수 있다. 그러면 곧 사람들 앞에서 입을 뗄 수 있을 것이다.

문제 행동을 끊는 기적의 질문법

문제되는 행동을 왜 하게 되었는지 기억이 안 난다면, 그 행동을 멈추는 데 도움이 되는 다른 질문을 던져보자. 그런 믿음이나 행동을 지속한다면 어떤 문제를 피할 수 있을까? 무엇으로부터 나 자신을 보호하기 위해 문제가 되는 사고나 행동을 하는 걸까?

카롤라는 프리랜서 그래픽 디자이너다. 카롤라는 일을 좋아했지만, 생계를 겨우 이어갈 수 있을 정도의 돈만 벌었다. 20대

돈의 감정

후반인데도 여전히 부모님한테 용돈을 받았다.

카롤라는 새로운 고객과의 작업단가 협상을 앞두고 나를 찾아왔다. 너무 낮은 작업단가를 말하기 직전이었다. 너무 답답했지만 어떻게 바꿔나가야 할지 몰랐다.

"정확히 문제가 뭐죠?" 일단 첫 번째 질문을 던졌다.

"전 항상 낮은 단가를 불러요. 그래서 일은 항상 많은데도 월말에는 돈이 없어요."

"이런 믿음이나 행동을 지속한다면 어떤 문제를 피할 수 있고, 무엇으로부터 나 자신을 보호할 수 있나요?"

그녀는 대답하는 데 시간이 좀 걸렸다. 이성적으로 따져본 후, 어느 순간 부모님의 도움이 필요하지 않을 거라는 결론에 도달했다. 카롤라에게 부모님이 주는 용돈은 애정 표현이었다. 카롤라의 말을 빌리자면, 돈이 없으면 부모님의 보살핌을 받을 수 있었다. 카롤라는 계속 부모님이 신경을 써줬으면 했다.

코칭을 하다 보니 그녀의 부모님이 회사를 설립하면서 딸에게 많은 시간을 쏟지 못했던 시기가 있었다. 그리고 그때부터 카롤라에게 이런 생각이 들기 시작했다. 부모님은 돈 걱정은 하지 않아도 될 정도의 넉넉한 돈을 주었고, 카롤라는 부족한 관심을 돈으로 보상받고자 했다.

코칭기간동안 카롤라와 부모님의 관계는 180도 달라졌다. 정기적으로 부모님과 시간을 보내면서 어린 시절의 결핍이 채워졌다. 더는 부모님의 보살핌을 받을 필요가 없다는 걸 깨달았다. 그렇다고 해서 카롤라는 다음 날 아침부터 더 높은 작업단가를 부를 수 없었지만, 작업단가를 높이는 방향으로 한 발짝 나아갔고, 마침내 저축한 돈으로 휴가를 떠날 수 있게 되었다.

사랑이란 선을 긋는 것

선 넘었어

호기심을 가지고 자신을 관찰해보면, 아마 다른 사람들의 행동에 짜증 난 경우를 발견하게 될 것이다. 몇 년 전 에이전시에서 함께 일했던 동료가 있었다. 동료는 아침 6시에 눈을 뜨자마자 질문을 쏟아내는 사람이었다. 반대로 나는 아침 8시 반에도 눈꺼풀이 물에 젖은 솜처럼 무거운 사람이다. 탄력 근무제였기에 동료는 아침 7시에, 나는 9시에 각각 일을 시작했다. 사무실에 도착한 지 3초도 되지 않아, 사무실에 도착해서 숨을 돌리고 컴퓨터를 켜는 동안에도 그 동료는 융단폭격하듯이 질문을 쏟아냈다. 일주일이 지났을 때 나는 폭발하기 일보 직전이었다. 숨 좀 돌리게 적어도 15분만 기다릴 순 없었을까? 아침부터 열정이 과해서 내가 짜증이 난 걸 눈치채지 못했을까?

당연히 눈치채지 못했다. 우리는 서로 어떤 사람인지 잘 몰랐다. 동료는 내가 아침형 인간이 아니라는 걸 알 방도가 없었다. 선을 그을 때가 됐다고 생각했다. 어느 날 오후, 동료에게 찾아가서 함께 일하는 게 정말 좋지만, 나는 이메일을 확인하고 하루의 계획을 세우는 데 30분이 걸린다고 말했다. 9시 30분 이후에 질문 해 줄 수 있냐고 물었다. 다음 날 아침부터 동료는 9시 30분에 사무실로 왔다. 그 후로 우리의 업무 관계는 굉장히 좋아졌다.

이게 바로 선 긋기다. 상대방이 나의 감정과 생각을 들여다보게 할 수 있다. 무엇을 좋아하고, 용납할 수 있으며, 받아들일 수 없는지 속마음을 상대에게 털어놓는다. 그렇게 관계를 맺고, 친밀감을 형성하며 서로를 알아간다.

선을 긋는 건 다른 사람의 행동을 바꾸는 게 아니라, 일관적인 태도를 보이는 것이다. 흔히 우리는 다른 사람이 선을 지켜야 한다고 생각한다.

"선을 넘었어."

"내가 하지 말라고 수십 번이나 말했잖아!"

나의 경계를 지키는 건 다른 사람이 아닌 내 몫이다. 마치 국경과 같다. 예를 들어 유효한 여권이 없는 사람이 한 국가에 입국했다고 치자. 국경 앞에 서서 "젠장, 입국할 수 없잖아. 그냥 돌아가야지."라고 말하는 사람은 없을 것이다. 아니, 입국하려고 안간힘을 쓸 것이다. 그 사람의 입국을 막는 건 국가의 몫이다.

　　　　　　　　　　　　　　　　　　　　　　　돈의 감정

국가가 어떤 사람의 입국을 허용하고 허용하지 않을지 결정하기 위해 다양한 규정을 정한 것과 같이, 우리도 허용할 수 있는 것과 허용할 수 없는 것의 경계를 설정해야 한다. 경계를 설정하면 있는 그대로의 내 모습을 보여줄 수 있다. 그리고 나 자신을 더 잘 알면 경계를 설정하는 데 도움이 된다.

나는 어떤 사람일까?

기분이 나쁘거나 거슬리는 부분을 메모하자. 거실에 널려있는 양말, 식기세척기에 넣지 않은 더러운 접시, 일요일 평화로운 아침시간을 방해하는 전화, 너무 시끄럽게 통화하는 동료, 이메일을 보내고 3초 후에 전화를 걸어 왜 답장이 없냐고 물어보는 동료, 내가 버는 돈은 공동 생활비로 쓰면서 자신이 버는 돈은 취미에 족족 써버리는 배우자 등 여러 가지일 것이다.

목록을 다 적고 난 후, 마음을 편하게 하려면 각 상황을 어떻게 바꾸고 싶은지 생각해 보자. 어떻게 선을 그을 건지, 그리고 이 상황을 어떻게 유지할 수 있을지 생각해 보자.

내 앞에 신경을 거슬리게 한 상대가 있다고 생각하고, 앞으로 이런 상황에서 어떻게 행동할지 설명하자. 어렵지만 중요한 것은 결심한 내용을 앞으로도 실천하는 거다!

짜증 나는 상황:

1. 평화롭게 아침을 먹고 싶은 일요일, 엄마의 전화다.

2. 이메일을 보내고 3초 후에 전화를 걸어, 이메일을 받았냐고 물어보는 동료.

3. 자신의 취미에는 돈을 아끼지 않으면서, 내가 버는 돈은 모두 생활비로 쓰는 배우자

_____

_____

_____

_____

대화법:

1. 엄마, 엄마랑 전화하고 싶지만 평화로운 일요일 아침 식사는 힐링 그 자체예요. 그러니까 오전 11시 이후에 전화해주세요.

2. 친애하는 ○○씨, 저는 아침, 점심 식사 후, 그리고 늦은 오후 이렇게 하루 세 번만 이메일에 답장합니다. 급한 일이라면 저에게 전화하시거나 제 사무실에 들러주시겠어요? 바로 처리해 드리겠습니다.

3. 사랑하는 ○○야, 나는 돈에 있어서 우리 관계가 균형 잡히지 않았다고 느껴. 물론, 네가 취미생활을 하는 건 좋아. 그

런데 여행을 가거나 외식을 하는 등 함께하는 활동에서 네가 돈을 충분하게 내지 않는 것 같아. 공동 통장을 만들어서, 매달 같은 금액을 입금하고 나머지 돈으로 각자 원하는 걸 하면 어떨까?

_____

_____

_____

_____

나의 경계 기준:

1. 일요일 오전 11시까지 전화를 받지 않는다.
2. 시간이 날 때만 이메일에 회신한다.
3. 공동 통장을 만들어서 매월 입금한다. 배우자가 나머지 돈을 자신의 취미에 쓰는 걸 받아들인다.

_____

_____

_____

_____

내가 세운 경계 기준을 설명하기 위해서 항상 누군가와 대화해야 하는 것은 아니다. 처음 머니 코칭을 시작했을 때, '수다를 떨자'며 시도 때도 없이 전화하는 사람이 있었다.

"집에 있으니까 당연히 수다 떨 시간이 있을 줄 알았는데?"

"아니, 당연히 없지. 집에 있는 사무실에서 일하고 있거든."

나는 가족이나 친구에게 전화할 수 있는 시간과 없는 시간을 알려주는 대신, 나의 경계 기준을 설정했다.

나는 매일 한 시간 동안 일하고 10분 쉬고, 정오에 30분 동안 휴식을 취했다. 일하는 시간 동안 휴대 전화와 모든 이메일, SNS 알림이 울리지 못하도록 음소거를 해놓았고, 유선 전화는 한 번 울린 후 자동 응답기로 돌아가게 해놓았다. 그 시간에 연락한 사람은 다음 휴식 시간에 다시 전화를 걸어야 했다. 쉬는 시간에 오는 전화에는 답했다. 마침 쉬는 시간에 전화하신, 아버지는 이렇게 물었다.

"바쁜데 내가 방해하니?"

"아니요, 바빴으면 전화를 안 받았을 거예요."

경계를 세워 나를 주변으로부터 보호했다. 사람들이 날 방해할 수 없는 상황에 마음이 놓였다.

선을 긋는 건 "다시는 그러지 마세요."라고 말하는 게 아니라 '누군가가 ~를 하면, 나는 ~를 한다'는 걸 보여주는 것이다.

그럼 선을 긋는 기술이 어떻게 돈 관리에 도움이 될까? 우리는 앞에서 재정 상태를 살펴봐도 원하는 대로 되는 게 거의 없다는 걸 알았다. 앞 장에서 언급된 감정 척도를 기억하는가? 자신을 위해 한계를 설정하는 데 감정 척도만큼 좋은 건 없다.

스트레스를 받을 때 돈을 쓴다고 가정해 보자. 월말에 통장을 확인했을 때 돈이 얼마 없으면 더욱 스트레스를 받는다. 스트레스를 받을 때 주의를 기울이고 비용이 들지 않는 방법으로 휴식을 취함으로써 경계를 설정할 수 있다. '누군가가 ~를 하면, 나는 ~를 한다'를 돈 관리에 적용하면 '스트레스를 받아도 돈을 쓰지 않는다'는 문장이 나올 수 있다.

지출 한계를 설정하는 법

지출 한계를 설정하는 방법을 몇 가지 예시로 들면 다음과 같다.

1. 기분이 좋아지는 일에만 돈을 쓴다.

가게에 들어갔을 때 옷이 널브러져 있고 점원이 투덜대면 물건을 사지 않는다. 거래 은행을 바꾸고 싶은데 은행 직원이 친절하지 않으면 다른 지점이나 은행으로 간다. 세금 업무 때문에 연락한 세무사와의 대화가 불편하다면 그 세무사에게는 일을 맡기지 않는다. 누군가에게 좋은 투자 정보를 들어도 직감이 좋지 않으면 투자하지 않는다.

2. 24시간을 기다린다.

때때로 어떤 물건을 꼭 당장 사고싶은 '지름신'이 내린다. 지름신이 내리면 내 안에 무슨 일이 일어나고 있는지, 어떤 감정 때문에 물건을 사고 싶지 나도 모를 때가 많다. 이 경우, 나는 나 자신과 약속을 한다. 내일 같은 시간에도 오늘 주의를 끈 물건이 사고 싶다면 산다. 대부분 경우, 충동구매를 일으키는 감정은 다음날이면 온데간데없다.

그러나 실제로 사야 하거나 필요한 때도 있다. 무더운 7월의 어느 날, 마음에 드는 스웨터를 봤다. 정말 예뻤다! 그런데 너무 비쌌다! 엄청나게 따뜻했다! 내 안의 무언가가 정말 그 스웨터를 원했다. 32도의 여름날에 두꺼운 양모 스웨터를 왜 사고 싶었는지 모르겠다. 결국 사지 않았다. 하지만 3개월 동안 스웨터를 머릿속에서 지울 수 없었다. 겨울이 다가왔을 때 가게에 다시 들렀다. 스웨터가 남아 있을까 하는 희망을 품고 간 건 아니지만 기적이 일어났다. 점원은 스웨터를 기억했고, 재고가 있다며 찾아주었다. 그 스웨터는 내가 제일 좋아하는 스웨터다.

3. 아직 돈을 받지 않았지만 돈이 이미 있는 것처럼 쓰지 않는다.

대출뿐만 아니라 수입도 예상해서 쓰지 않는다. 특히 프리랜서나 자영업자는 작업비 청구서를 한두 개 보내고 돈을 벌었다고 기뻐할 수 있다. 돈이 들어올 걸 기대하며 필요하거나 원하는 걸 산다. 그러나 입금 날짜 지연은 자주 발생한다. 올해도 그런 경우가 있었다. 우편으로 보낸 청구서가 배송 중에 분실되었고, 돈은 제때 입금되지 않았다. 비싼 물건을 구매하기 전, 항상 통장에 돈이 있는지 확인해서 다행이었다. 통장을 확인하지 않았다면, 통장은 마이너스 상태가 되었을 것이다. 마이너스 통장을 이용해 이자를 내는 것보다 내지 않는 편이 낫다.

4. 돈을 벌 기회여도 찜찜하면 벌지 않는다.

이 주제는 다음 장에서 더 자세히 다루겠다. 짧게 말하면 돈에 대한 전반적인 느낌뿐만 아니라 이미 번 돈에 대한 느낌도 재정상태에 큰 영향을 미친다.

마음을 여는 명상

사랑은 마음이 내리는 결정이다. 마음을 활짝 열면 열수록 더 큰 사랑을 주고받을 수 있다. 마음을 열기 위한 간단한 명상을 소개한다.

마음 열기

요가의 전굴 무드라 자세(Standing Mudra)로 흉곽을 활짝 열어주며 시작합니다. 조용한 공간에서 두 발을 대고 일어선 상태에서 상체를 숙입니다. 허리 뒤로 두 손을 깍지 끼운 후, 두 팔을 뒤통수 위쪽으로 쭉 뻗습니다. 골반 너비로 발을 벌리고 발바닥으로 바닥을 밉니다. 눈을 감고 고르게 숨을 몇 번 들이쉬고 내쉬세요. 발바닥에서 나무뿌리가 자라서 땅으로 뻗어 나가는 듯한 느낌을 상상해 봅니다.

허리 뒤로 두 손을 깍지 끼운 후, 고개를 가볍게 흔들어 목을 이완시킵니다. 그런 다음 등을 곧게 펴고 천천히 상체를 구부려 뒤통수 위쪽으로 쭉 뻗은 팔을 점점 머리 아래쪽으로 당깁니다. 편안하게 느껴질 때까지 자세를 유지하고 가슴이 열리는 느낌을 느껴봅니다.

돈의 감정

가슴에 긴장이 느껴질 때 이 자세를 몇 번이고 반복할 수 있다. 아니면 사랑 명상을 하기 전 준비 동작으로 사용할 수 있다.

사랑 명상

편안하게 앉거나 눕습니다. 눈을 감고 두 번 깊게 호흡하세요. 가슴 위나 몸의 다른 부위에 손을 대면 마음이 차분해집니다. 몸을 가볍게 누르는 손의 온기와 무게를 느껴보세요. 단순하게 나 자신을 돌아보는 명상이 아니라, 사랑스럽게 나를 바라보는 명상이라는 걸 떠올리십시오.

앉거나 누워서 다섯 번 숨을 들이마시고 내쉽니다. 가슴 위에 있던 손을 풀어 바닥이나 허벅지 등 편한 곳에 내려놓습니다. 호흡할 때 몸이 어떻게 움직이는지 느껴보세요.

담요를 덮고 태아처럼 몸을 한쪽으로 굴려 웅크리고 누워 따뜻함이 몸을 감싸는 걸 상상해 보세요. 엄마 배 속에 있는 것 같은 기분을 느끼면서 편안하고 안전한 곳으로 의식을 가져가세요. 집, 해변, 숲... 이미 가본 곳도 좋고 상상 속의 장소여도 괜찮습니다. 주위를 둘러보세요. 주변 풍경에 주의를 기울이면서 지금 느낌이 어떤지 보세요. 이곳에서는 숨을 쉬는 것 말고는 아무것도 할 수 없습니다.

한 형체가 나를 향해 다가오고 있습니다. 어렴풋하게 그림자만 보이지만, 내가 있는 곳의 기운이 약간 변한 걸 느낄 수 있습니다. 형체가 가까워집니다. 아주 사랑하는 존재입니다. 알거나 알았던 사람일 수도 있고, 사랑하는 반려동물일 수도 있습니다. 아니면 다른 존재일 수도 있습니다. 어쨌든 존재 자체로 날 행복하게 해주고, 그 사람을 떠올리면 마음이 열리게 됩니다. 그 사람이 내 옆에 앉아 어깨에 팔을 감거나 뒤에서 포옹합니다. 나는 그의 허벅지를 베고 눕거나, 두 팔로 그를 힘껏 안기도 합니다. 마음이 가는 대로 편안한 자세를 상상해 봅니다. 그 사람과 같이 있는 게 얼마나 좋은지 조건 없는 사랑을 느껴보세요.

마음을 열고 사랑을 받아들입니다. 아무것도 하지 않고, 어떤 존재도 되지 않은 채, 나 자신이 되어 봅니다. 사랑하는 사람이 떠나기 전, 내게 줄 선물이 있다 합니다. 사랑하는 사람이 선물을 손에 쥐어 줍니다. 나에게 특별한 의미가 있는 물건입니다. 사랑받고 있고 이대로도 충분하고 나 자신을 사랑할 수 있다는 걸 일깨워주는 물건입니다. 자세히 보세요.

어떤 물건인가요? 무슨 메시지를 보내나요? 내 안에서 어떤 감정이 드나요? 마지막으로 고개를 들어 따듯한 그 사람의 눈을 바라보세요. 그리고 그 안에 비친 순수한 사랑을 봅니다. 얼굴만 봐도 사랑을 느낄 수 있습니다. 조건 없는 사랑이 필요할 때마다 꺼내서 볼 수 있도록 선물을 가슴속 주머니에 항상 넣고 다닙니다.

숨을 깊이 들이마시고 천천히 내쉬세요. 천천히 의식을 방으로 가져옵니다.

명상 후에 느낀 점을 적으면 좋다. 나 자신을 스스로 이해하는 데 도움이 된다.

주변에 롤 모델을 찾아보라

이 명상을 처음 했을 때 나는 큰 깨달음을 얻었고, 그 이후로 돈과의 관계가 180도 바뀌었다. 정확히 말하자면 내가 스스로 깨달은 건 아니고, 워크숍 참가자를 통해 깨닫게 되었다. 돈 관리를 잘하는 여성 롤 모델은 드물다. 유리 천장을 극복한 사람, 성공한 커리어 우먼, 좋은 엄마 등의 롤 모델은 있지만, 돈과 재정을 다루는 롤 모델은 항상 남자다. 워런 버핏에 관해서는 들어봤지만, 68세에 유산을 물려받고 부자가 되어 선행을 베푼 워

돈의 감정

런 버핏 여동생 이야기는 거의 들어본 적 없다. 페이스북의 최고 운영 책임자 셰릴 샌드버그의 성공적인 커리어에 관해서는 들어봤어도 돈을 어떻게 관리하고 투자하는지 아무도 모른다.

할머니가 우리 집에 놀러 오셨을 때, 나는 할머니와 함께 사랑 명상을 했다. 할머니는 정말 멋진 여성이었다. 40대 중반에 남편 없이 아들을 혼자 키웠다. 쉬지 않고 일하며 돈을 열심히 벌었다. 안타깝게도 할머니와 돈을 주제로 이야기해 본 적이 없다. 할머니는 모자라지 않게 연금을 받았고, 돈 걱정 없이 살았다. 낭비벽은 없어도 돈을 쓰는 데는 마음이 넓었다. 할머니는 나와 언니에게 편지를 보내실 때 편지 봉투에 지폐 한 장을 함께 넣어주셨다. 주로 5,000원이었다. 편지를 다시 꺼내 읽을 때마다 5,000원을 보면 기분이 좋아졌다.

할머니가 자주 하시던 두 문장이 있는데 바로 '머 할라고 2,000원을 애끼노.'와 '죽고 나서 돈을 주는 것보다 살아 있을 때 주는 게 낫다.'였다. 사고 싶은 물건이 있을 때 생각했던 것보다 가격이 좀 비싸면 할머니는 그렇게 말씀을 하셨다. 어머니가 2만 원이 넘어서 안 된다고 하는 2만 3,000원짜리 슬리퍼를 사 주셨을 때도 "머 할라고 3,000원 애끼노."라고 말씀하셨다. 또, 유산 상속세가 너무 비싸니 살아있을 때 돈을 주는 게 낫다는 이야기는 귀에 못이 박일 정도로 들었다. 돈 관리에 있어서는 할머니는 도리스 버핏과 크게 다르지 않았다. "탈탈 털어버리자."

돈이 떨어질 때까지 즐기는 법을 단적으로 보여주는 문구이다.

할머니 이야기를 하자, 워크숍 참가자가 나를 바라보면서 말했다.

"본받을 만한 여자 롤 모델이 있는데요, 뭘."

맞는 말이었다! 그때까지만 해도 몰랐다. 외할아버지와 외할머니가 돈과 자산에 이해할 수 없는 관점을 가진 분들이어서, 친할머니의 돈 관리법을 합리적으로 바라보지 못했다.

그 이후로 큰 변화가 생겼다. 여성 롤 모델은 생각보다 가까이 있었다. 심지어 가족이었고 내가 잘 아는 사람이었으며 정말 사랑하는 사람이었다. 할머니가 세상을 떠난 후에도 할머니와 끈끈하게 이어지는 느낌을 받았다. 돈과의 관계가 삐걱거릴 때마다 할머니는 나를 변함없이 도와주셨다.

5장

[관심]
돈을 지탱하는
가장 중요한 기둥

모든 관계는 관심에서 시작된다

주변을 세심하게 관찰하라

4장 마지막 이야기처럼 우리는 주변에 크게 관심을 기울이지 않는다. 그러나 관심은 건강한 관계를 지탱하는 아주 중요한 기둥이다.

상자 속에 있는 공구에 비유하자면, 관심은 관계라는 상자에 들어 있는 가장 간단하면서도 무거운 공구다. 어떤 일이 잘 흘러가지 않거나 무언가가 변할 때 빠르게 알아차리도록 도와준다. 관심을 기울임으로써 선택할 시간을 벌 수 있다. 대부분은 주변에 관심을 두지 않으니까 말만큼 쉽지는 않다. 무슨 일이 일어났을 때는 이미 늦었다. 수백 편의 할리우드 영화와 로맨스 소설만 봐도 알 수 있다. 생각보다 사람들은 돈에 무관심하다. 골치 아픈 문제를 걱정하고 싶지 않기 때문이다.

나는 언제나 개인적인 경험을 바탕으로 글을 쓴다. 나 역시

돈의 감정

이 책에서 다루고 있는 세 가지 관계—배우자와의 관계, 나 자신과의 관계, 돈과의 관계에 세심하게 주의를 기울이지 않았다.

결혼 생활이 행복하지 않다는 걸 너무 늦게 깨달았다. 결혼 생활을 불만족스럽게 만드는 무언가가 있다는 것도 눈치채지 못했다. 만약 주의를 기울였다면 조처했을 것이고, 어쩌면 이혼까지는 가지 않았을지도 모른다.

나의 감정과 바람에 세심하게 주의를 기울이지 않았고, 많은 변화가 있었다는 걸 눈치채지 못했다. 우리는 어떤 모습의 삶을 살아가고 싶은지, 꿈이 무엇인지 종종 생각하지만, 현재의 삶이 바람과 기대에 부합하는지 잠시 멈춰서 돌아보는 경우는 거의 없다.

돈이 보내는 작은 신호를 무시하지 마라

나는 몸이 제일 먼저 반응했다. 2014년 여름까지 몸이 제발 관심 좀 가져달라고 큰소리로 비명을 질렀다. 잠도 못 자고, 제대로 쉬지도 못했다. 일에 집중하는 데 어려움을 겪었다. 좋아했던 일이 갑자기 목에 걸린 가시처럼 느껴졌다.

그 후로 몇 주간 계속해서 일상생활을 했고 결국 완전히 멘탈이 붕괴하는 시점에 다다랐다. 진단명은 번 아웃, 만성피로 증후군이었다. 과도한 정신적인 스트레스로 부신에 피로가 쌓인 것이다. 각각 다른 세 가지 일을 동시에 하고, 강아지 두 마리를 키우고, 망가진 결혼 생활을 하면서 얼마나 나 자신을 무리하게 다그쳤는지 그제야 깨달았다.

내 몸이 신호를 보낸 것이다. 좀 더 관심을 기울였다면 문제를 미리 발견해서, 몇 가지 일을 바꿨을 것이고, 일은 물 흐르듯이 술술 흘러갔을 것이다. 다시 제자리로 돌아오기 위해 두 달 넘게 침을 맞았고, 식단을 바꿨고, 물리 치료와 병원 진료를 받았다. 내 몸이 보내는 신호를 일찍 읽었다면, 이런 사태는 막을 수 있었을 것이다.

돈과의 관계도 마찬가지이다. 어렸을 때는 돈이 부족한 적이 한 번도 없었다. 정말 좋았다. 돈을 벌고 저축하는 일도 좋았고, 나중에는 돈을 쓰는 것도 좋았다. 11살에 정식으로 베이비시터 일을 하기 시작했고, 15살에는 저금한 돈으로 미국에서 5주 동안 시간을 보낼 수 있었다. 돈은 항상 충분했고, 언제 돈이 들어올지 알고 있었다.

상황이 언제 바뀌었는지는 확실하지 않다. 충분히 관심을 두지 않았기 때문에 언제부터 그렇게 됐는지 모르겠다. 해를 거듭할수록 상황은 더 나빠졌고, 갑자기 돈과 관련된 모든 게 두려워졌다.

사랑의 반대말은 두려움

사랑의 반대말은 증오가 아니라 두려움이다. 증오는 두려움의 한 형태일 뿐이다. 앞 장에서 살펴보았듯이 사랑은 관계를 맺고 유지하는 데 필수 요소다. 돈과의 관계도 마찬가지다. 돈을 향한 관심을 멈추는 순간, 사랑도 사라진다. 나 자신에게 관심을 기울여 건강을 회복한 것처럼 소득보다 지출이 많았을 때 관심을 기울이고 반응했다면, 다른 며칠 또는 몇 주 이내로 찾았을 테고, 잔고를 원상태로 복구할 수 있었을 것이다.

돈과의 관계를 바로잡고, 어린 시절 돈과의 관계에 기반이 되었던 사랑이란 감정을 재발견하기까지 15년이 걸렸다.

크루즈선에 비유하면, 항해 초반에는 선장이 키를 왼쪽이나 오른쪽으로 반 바퀴만 틀어도 몇 시간 또는 하루 만에 항로를 아주 손쉽게 변경할 수 있다. 그러나 일주일 또는 한 달 동안 잘못된 항로로 가면 계획에 없던 해안에 도착할 것이다. 해안에 도착한 그 시점에서 원래의 목적지로 돌아가려면 많은 시간과 에너지가 필요하다.

돈에 대한 잘못된 믿음

주변에선 돈을 어떻게 생각하는가

많은 사람이 돈을 잘못된 고정관념과 믿음으로 바라보고 있다. 돈에 대한 주변의 자세를 바탕으로 돈에 관한 믿음을 완성한 후 무의식적으로 이를 내면화시켰다. 그중 하나는 부모님이 돈을 다루는 방식이다. 저축을 많이 했는가, 아니면 돈을 두려워했는가, 돈에 관대했나, 낭비벽이 있었는가? 돈을 핑계로 삼았는가, 아니면 돈으로 보상을 주었는가? 돈이 모든 문제에 대한 해결책이었나?

주변이 돈을 다루는 방법은 나와 돈과의 관계에도 영향을 미쳤다. 몇 년 전, 한 내담자가 찾아왔다. 돈 관리에 번번이 실패했다고 말했다. 그는 왜 항상 실패하는지 몰랐다.

이야기를 나누던 도중, 고객은 어렸을 때 한동안 교회에서 성경을 공부했다고 털어놓았다. 여러 성경 이야기 중에서도 가장 기억에 남는 건 누가복음으로, 예수님이 성전에 헌금을 내는 부자들과 과부를 지켜봤다는 내용이었다. 예수님은 제자들에게 과부의 성금이 부자들의 성금보다 더 가치 있다고 말했다. 부자들은 남는 돈을 기부했지만, 여자는 가난한 형편에 돈을 아끼고 아껴서 기부했기 때문이다.

성경을 읽은 지 몇 년이 지난 후에도 이 이야기는 그의 뇌리에 박혀 떠나지 않았다.

가난은 고귀하게 생각되었다. 가난한 사람이 자선을 베푸는 건 부자가 부를 나누는 행위보다 더 가치 있다고 무의식적으로 믿고 있었다.

나에게 돈에 대한 믿음을 심어준 건 할아버지였다. 세계 2차 대전이 끝난 후 할아버지는 사업을 시작했고 성공을 거뒀다. 하지만 함부르크에서 발생한 홍수 때문에 밑바닥부터 다시 시작해야 했다. 할머니와 할아버지는 항상 몸을 아끼지 않고 열심히 일했다. 내가 배운 교훈 중 하나는 '돈을 많이 벌려면 열심히 일해야 한다'였다.

열심히 일해서 할아버지는 부유한 삶을 살면서도 부자를 싫어했다. 특히 자동차, 시계, 여행 등으로 부를 뽐내는 '벼락부자'를 싫어했다.

할아버지를 보면서 '부자가 되면 안 되는구나.'라고 생각했다. 그리고 이 믿음을 또 다른 믿음으로 발전시켰다. '돈을 벌려면 열심히 일해야 하지만 부자가 되면 안 된다.' 나는 이 믿음을 정말 성실하게 따랐다. 항상 일을 많이 했고, 높은 수입을 올렸지만, 월말에는 손가락을 빨아야 했다.

돈은 어떻게 해석하느냐에 달렸다

우리의 돈에 대한 믿음이 반드시 의도적으로 주입된 것만은 아니다. 어릴 때는 사물 간의 관계를 아직 이해하지 못해서 사물을 남과 다르게 해석하고 자신만의 결론을 내리기도 한다. 나는 할아버지를 보고 부자가 되는 건 나쁘다고 생각했지만, 언니는 그렇게 생각하지 않았다. 같은 상황을 다르게 해석해서 그런 믿음이 생겼던 것이다. 내담자 중 한 명은 성경 이야기에 엄청나게 공감했다. 왜냐하면 항상 가정 형편이 어려웠기 때문이다. 어렸을 때는 왜 항상 돈이 부족한지 논리적인 이유를 찾으려고 했다.

'우리는 좋은 사람이기 때문에 가난한 거야.'

앞의 두 가지 예는 내 안에 돈에 관한 어떤 믿음이 있는지 알아차리는 게 얼마나 중요한지 보여준다. 어떤 믿음인지 알아야만 생각과 행동을 바꿀 수 있다.

풍요의 씨앗을 키워라

불교에는 '수박씨를 심고 벚나무가 자라기를 기대하지 말라.'

돈의 감정

라는 말이 있다. 생각과 말, 그리고 행동이 삶에 작은 씨를 뿌린다는 걸 의미한다. 내가 뿌린 씨앗은 원래보다 더 큰 싹을 틔운다. 아무리 작은 수박씨를 심어도 큰 수박이 나는 것처럼 말이다. 생각과 말, 행동은 바로 그 씨앗이다. '이 정도로는 안 돼', '난 부족한 사람이야', '이걸 누구 코에 갖다 붙여', '내 직업은 돈이 안 되는 직업이래' 등 항상 부족하다고 생각하면 정말 부족하게 될 것이다. 부유하다고 생각하면 부유하게 살게 될 것이다. 여기서 부유함은 물질적인 부유함뿐만 아니라 삶의 모든 영역에서 누릴 수 있는 풍요로움을 일컫는다. 그래서 우리는 배우자, 나 자신, 그리고 돈과의 관계에 어떤 생각이 담긴 씨앗을 심을지 관심을 기울여야 한다. 원하지 않는 씨앗이 싹을 틔우면 말려 죽여야 하고, 원하는 씨앗은 싹이 잘 자라도록 물을 주어야 한다.

외부에 관심을 기울이는 것만큼 내면에도 관심을 기울여야 한다. '관심을 먹고 자란다'는 말을 한 번쯤은 들어봤을 것이다. 연인이 저지른 실수에만 초점을 맞추면 나와 맞지 않는 사람이라는 생각만 들게 된다. 하지만 장점에 집중하면 사랑에 빠지게 된다.

나 자신을 대할 때도 마찬가지다. 할 수 없는 일에 집중하면, 자신감이 떨어지고 단점만 눈에 들어온다. 그러나 장점에 초점을 맞추면 점점 발전할 수 있다.

돈도 그렇다. 두려움과 부족함에 초점을 맞추면 돈은 더 부족해지고, 두려움은 커질 것이다. 가진 것과 충만함에 집중한다면 더 풍요로운 삶을 살 수 있다.

돈의 감정 파악하기

돈의 출처를 먼저 살펴라

말이 나온 김에 충만함에 관해 좀 더 살펴보자. 감정 가계부의 다음 단계로 넘어가면서 3장에서 배운 부분에 몇 가지를 덧붙이겠다.

수입이란 무엇인가?

첫째, 흘러들어 오는 모든 돈을 말한다. 예를 들면,

- 월급 또는 일을 해서 받는 돈
- 현금 선물, 상품권
- 보험 지급금
- 배당금
- 주머니 속에서든, 길거리에서든 예상치 못하게 발견한 돈
- 보너스
- 상여금

- 공병 보증금

둘째, 쓰려고 했던 돈이지만 쓰지 않은 돈이다.
- 다른 사람이 원하는 물건을 사준 경우
- 사려고 했던 물건을 구매하지 않은 경우
- 생각지도 못하게 가격이 인하된 경우

마지막은 조금 까다롭기 때문에 주의해야 한다. 예를 들면, 40만 원짜리 새 커피 머신을 사고 싶어 상점에 가보니, 특별 할인가로 37만 5,000원에 판매하고 있었다. 이때, 지출할 필요가 없는 2만 5,000원은 감정 가계부에서 수입으로 간주한다.

반대로 커피 머신을 살 생각이 없었는데, 특별 할인을 구입했다면 이는 순수 지출에 해당한다. 이 경우에는 2만 5,000원을 절약한 게 아니라 37만 5,000원을 더 지출한 것이다.

지출에 적용되는 기본 원칙이 수입에도 똑같이 적용된다. 우리는 다음 네 가지 형태의 동기로 수입을 올릴 수 있다.
- 부족한 감정을 느껴서
- 중립적인 감정을 느끼면서
- 풍요로움을 느껴서
- 무언가를 회피하려고

돈의 감정

당신이 회피하는 이유

내 코치는 처음 세 가지 유형만 가르쳐주었다. 회피는 목록에 없었다. 그러나 앞서 말한 것처럼 나는 일벌레였기 때문에 심심하거나 스트레스를 받으면 감정을 회피하기 위해서 돈을 벌었다. 외로움을 느끼지 않기 위해 일요일에도 비를 뚫고 사무실에 갔다.

이 책을 쓰는 동안 난 스페인에 있었고, 저녁마다 스페인 대통령의 연설을 들었다. 코로나19 확산을 저지하기 위해 고강도의 통행금지 조치를 선포했을 때, 통행금지가 당장 내 삶에 큰 영향을 미치진 않았다. 하지만 긴장했고 무슨 일이 일어날지 불안했다. 어쨌든 집에서 일할 수 있었고, 바람을 쐬러 정원으로 나갈 수 있었다. 그런데도 코로나19 사태가 어떻게 흘러갈지, 가족, 친구, 고객 그리고 나아가 세계 금융과 경제에 어떤 영향을 미칠지 걱정됐다. 둘째 날도 불안감은 사라지지 않았다. 텔레비전을 볼 때도 책을 읽을 때도 집중할 수 없었다. 이런 불안감을 느끼고 싶지 않았다. 불안하다고 해결되는 건 아무것도 없고 상황을 더 악화시킨다는 걸 알았다. 그래서 컴퓨터 앞에 앉아 글을 쓰기 시작했다. 두 시간이 지나자 마음이 진정되었다.

회피가 항상 나쁜 건 아니다. 모든 일이 그렇듯, 일 자체보다 왜 그런 일을 하는지가 중요하다. 그래야 나에게 좋은지 나쁜지 알 수 있다.

부족한 감정이 들면 돈을 더 쓰게 된다

나는 들어오는 모든 돈은 좋은 돈이라 생각했고, 쓰는 돈은 나쁜 돈이라고만 생각했다. 사실은 그렇지 않았다. 그래서 지출뿐만 아니라 수입에 대해 알아보는 것도 매우 중요하다.

부족한 감정이 들어서 돈을 벌면, 점점 부족한 감정이 심화된다. 들어오는 돈이 나쁘게 느껴지면, 무의식적으로 나쁜 감정을 빨리 없애려고 어떻게든 돈을 쓰게 된다.

다음 두 가지 예시가 있다.

1. 할머니 집에 가서 즐거운 오후를 보낸 후, 할머니가 10만 원을 손에 쥐여주셨다고 상상해 보자. "아이고, 우리 귀여운 손주, 필요한 거 사렴." 기분이 좋아지지 않는가?
2. 술집에서 남자를 만나 집으로 데리고 왔다고 상상해 보자. 다음 날 아침, 잠에서 깨어났을 때 남자는 없었고, 머리맡 탁자에 10만 원이 놓여있다. 어떤 느낌이 드는가? 돈이 그다지 좋게 느껴지지 않을 것이다.

할머니가 주신 용돈으로는 필요한 걸 사거나 중요한 일을 할 수 있다. 오랫동안 사고 싶었던 재킷을 사거나, 장 보는 데 부족한 돈을 보탤 수 있다. 그러나 비도덕적인 일을 해서 받은 돈으로는 중요한 물건을 사지 않을 것이다. 그 물건을 볼 때마다 굴욕적인 순간이 떠오를 것이기 때문이다. 따라서 어떻게 하면 그

돈의 감정

돈을 빨리 다 써버릴 수 있는지 궁리할 것이다.

대부분은 두 번째 예처럼 극단적이지는 않지만, 실제로 충분한 수입을 올렸는데도 월말에 돈이 부족하다면, 감정의 불균형이 재정에도 영향을 미치고 있는지 살펴보아야 한다.

수입에 관한 감정 척도 알아보기

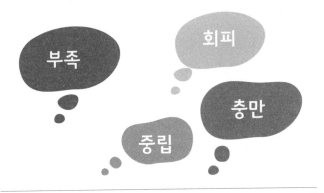

| -10 -9 -8 -7 -6 -5 -4 -3 -2 -1 0 1 2 3 4 5 6 7 8 9 10 |

무력감, 불안,
죄책감, 걱정,
분노, 압도, 힐책,
질투, 시샘, 복수,
탐욕, 인색함

안도감,
편안함,
중립적인 감정,
차분함, 평화,
만족감

기쁨, 사랑,
감사, 관대함,
풍요로움, 행복,
자신감, 희망,
결단, 열정

부족(감정 척도: -10~-3)

부족한 감정이 드는 상태에서 돈을 벌면 거부감이 들거나 부정적으로 느끼게 된다. 기분이 나쁜 이유는 다음과 같다.

- 회사에서 인정받지 못한다고 생각한다.
- 능력보다 더 많은 돈을 받으면 사기꾼이나 게으른 사람처럼 느껴진다.
- 최선의 결과물을 제출하지 않았다는 걸 알기 때문이다.
- 왜냐하면 상대방(예를 들어, 할머니나 고객)에게 베풀어도 돌아오는 게 없다고 생각하기 때문이다.

요약하면 투입한 노력과 받은 금액의 에너지 균형이 맞지 않는 경우다.

중립(감정 척도: -2~+2)

감정이 중립적인 상태에서 돈을 벌면 그 돈에는 감정이 묻어 있지 않다. 노력만큼 돈을 벌었다고 생각한다.

충만(감정 척도: +3~+10)

이 유형에 해당하는 수입은 사랑, 감사, 풍요, 만족, 관대함 등 긍정적인 감정과 연관되어 있다. 수입과 돈을 생각하면 기분이 좋고 만족스럽다.

돈의 감정

회피(감정 척도: -10~-3)

스트레스를 받는 상황을 회피하고 싶어서 일에 몰두한다. 특정한 감정에 무감각해지기 위해 돈을 번다. 대표적으로 지루한 감정을 느끼지 않기 위해서, 소외감을 느끼지 않으려고, 또는 불쾌한 약속(가족 행사, 집안일)을 피하려고 일을 한다. 앞에서 설명한 바와 같이, 위기 상황에서 주의를 분산시키거나 마음을 가라앉히는 데 좋을 수도 있다.

여기서 수입의 유형은 얼마나 많은 수입을 올렸는지와는 무관하고, 다음과 관련이 있다.

- 수입에 투입된 에너지와 수입으로 얻은 에너지 사이의 균형
- 소득 자체의 가치
- 일에 대한 열정
- 윤리적·도덕적 기준과의 일치 여부(예를 들어 채식주의자는 도축장에서 풍요로움을 느끼면서 돈을 벌기 어렵다.)

이제 직접 생각해 볼 차례다! 지출 감정 가계부를 작성했을 때 사용했던 방법으로 수입을 적어 내려가거나 날짜순으로 정리해 보자. '수입/지출'을 해당 표에 기록하기만 하면 된다.

지출과 마찬가지로 향후 4주 동안 벌어들인 모든 수입을 적고, 수입에 대해 생각했을 때 바로 어떤 감정이 올라오는지 확

인해야 한다. 위에서 열거한 모든 유형이 수입에 속하므로, 각각의 수입이 어떤 유형인지 생각해 보자. 통장에 입금되는 돈뿐만 아니라 흘러들어오는 돈은 모두 수입에 해당한다.

지출처럼 어떤 수입이 좋지 않게 느껴지는지 살펴보고 변화시켜보자.

연습해 보기: 한 달간 돈이 얼마나 들어왔는지, 돈이 들어올 때마다 어떤 기분이 들었는지 적어보자.

지출/수입	설명	금액

-10 -9 -8 -7 -6 -5 -4 -3 -2 -1 0 1 2 3 4 5 6 7 8 9 10

지출/수입	설명	금액

-10 -9 -8 -7 -6 -5 -4 -3 -2 -1 0 1 2 3 4 5 6 7 8 9 10

지출/수입	설명	금액

-10 -9 -8 -7 -6 -5 -4 -3 -2 -1 0 1 2 3 4 5 6 7 8 9 10

지출/수입	설명	금액

-10 -9 -8 -7 -6 -5 -4 -3 -2 -1 0 1 2 3 4 5 6 7 8 9 10

지출/수입	설명	금액

-10 -9 -8 -7 -6 -5 -4 -3 -2 -1 0 1 2 3 4 5 6 7 8 9 10

지출/수입	설명	금액

-10 -9 -8 -7 -6 -5 -4 -3 -2 -1 0 1 2 3 4 5 6 7 8 9 10

지출/수입	설명	금액

-10 -9 -8 -7 -6 -5 -4 -3 -2 -1 0 1 2 3 4 5 6 7 8 9 10

돈을 벌어도 즐겁지 않다면
어떻게 해야 할까

수입의 부정적인 감정 해결하는 법

몇 주 동안 월급을 받아도 기분이 좋지 않다면, 다음의 선택지를 살펴보자.

앞으로 같은 유형의 수입을 올리지 않는다

현재 직장을 그만두고 새로운 일을 찾는다. 마음을 놓고 구직 활동을 하기 위해서는 'n개월 동안 일이 없을 때'를 대비한 저축 통장이 도움된다. 급하게 무언갈 하려고 하면 되던 일도 안되는 경우가 많다. 물론 새로운 일을 시작하기 전에 회사를 그만두지 않고 이직을 준비하는 게 더 안전하다.

상황을 바꾼다

왜 월급을 받아도 기분이 좋지 않을까? 직장에서 무엇이 신

돈의 감정

경을 거슬리게 하는가? 특정한 활동? 동료들? 사무실? 출근길? 상황을 개선하려면 무엇을 바꿀 수 있을까? 어떤 작업을 언제 하는 게 더 쉬운지 생각해 보자. 예를 들면, 아침에 번역 머리는 잘 돌아가지만, 코칭 머리는 버벅댄다. 오후와 저녁에는 정반대로 코칭 머리가 잘 돌아간다. 대중교통, 자동차, 자전거 중 무엇을 타고 출근하는 게 더 편한가? 퇴근 후 시간을 벌기 위해 점심시간에 운동이나 산책을 하거나 다른 일을 할 수 있을까? 모든 상황에 물음을 던져보고 생각을 전환해 보자.

수입에 대한 해석을 바꾼다

안정적 측면에서 어쩌면 지금 하는 일은 새로운 목표를 정하고 달성하기 위한 완벽한 발판은 아닐까? 가끔 신경을 거슬리게 하는 고객이지만 입금 기한에 맞춰 돈을 꼬박꼬박 낸다면 어떨까? 밴드가 공연하는 공연장은 별로라도 관객들의 분위기가 좋다면 어떤 기분이 들까? 들어오는 돈을 기분 좋게 생각할 수 있는 긍정적인 면을 보자.

수입에 대한 인식을 전환하는 법

예시 1: 돈의 흐름 전환하기

미샤엘라는 수입에 관한 워크숍을 들었지만, 의구심을 떨쳐 버릴 수 없었다. 전남편에게 양육비를 더는 받고 싶지 않았지만 그럴 수 없었다. 꼭 필요한 돈이었지만 돈을 받을 때마다 기분이 나빴다.

"제가 버는 돈으로는 매일 입에 풀칠하기도 힘든데, 전남편의 돈으로 아이들에게 예쁜 걸 사줄 수 있다는 게 불공평해요. 그냥 너무 공평하지 않다고요."

미샤엘라 입장에서 전남편이 보내주는 돈은 자기 자신이 아니라 분명 아이들을 위한 것이었지만, 그녀에게 너무 큰 영향을 미치고 있었다. 그녀 자신은 지루한 일상을 헤쳐나가고 있는데, 전남편이 보내주는 돈은 즐거운 일에 쓰였다.

미샤엘라는 복잡한 감정을 한편의 이야기로 잘 풀어냈다. 나는 너무 마음이 아파서 듣고만 있을 수 없었다. 그래서 어떻게 하면 전남편의 돈을 좀 더 나은 방법으로 쓰고, 나아가 그 돈을 긍정적으로 생각할 수 있을지 해결책을 찾아보았다. 일단 돈을 쓰는 용도를 변경하기로 했다. 어차피 모든 돈이 한 통장으로 들어오기 때문에 어떤 돈이 어디에 쓰는지 알 수 없었다. 그래서 미샤엘라는 전남편의 돈으로 아파트 관리비를 지불하기로 했다.

"전남편 덕분에 겨울을 따듯하게 보낼 수 있어서 기뻐요!" 전남편 돈으로 관리비를 내니 돈이 충분히 남았다. 그리고 자신이 번 돈 중 남은 돈으로 자녀들과 즐겁게 시간을 보낼 수 있었다.

돈의 감정

잊지 말자. 꿈보다 해몽이다. 물론 정확히 말하면, 예전에 전 남편에게 받은 돈이 자녀들만을 위해 쓰인 건 아니다. 이제 전 남편 돈으로 관리비를 내고, 미샤엘라가 버는 돈을 자녀들에게 쓰지만, 실질적으로는 변한 게 없다. 기존의 관점으로 사건을 바라보았을 때 상처를 받거나 문제가 생긴다면, 이야기를 다시 쓰면 된다.

예시 2: 새로운 해석의 힘

마지막 직장에서 비올라는 일에 비해 돈을 너무 적게 받아 연봉을 후려치기 당한다는 느낌을 종종 받곤 했다. 월급을 받아도 기분이 좋지 않았다. 게다가 월말에 남는 돈도 없었다. 현재 직장에서 상황은 완전히 바뀌었다. 월급은 괜찮지만 비올라는 종종 몇 시간 동안 할 일이 없다. 그래서 능력에 비해야 하는 일이 보잘것없고, 하는 일에 비해 너무 많은 돈을 받고 있다고 생각한다. 그런데도 월말의 통장 상태는 똑같다. 남는 돈이 없다.

비올라는 워크숍에서 기발한 아이디어를 얻어 자신의 이야기를 다시 써나갔다. '반나절 동안 앉아서 아무것도 하지 않은 대가로 돈을 받는다'를 '150% 능률로 일해야 할 경우를 대비해서 대기 시간 동안 돈을 받는다'로 고쳤다.

차이가 느껴지는가?

새로운 해석의 힘은 강력했다. 이것은 비올라 머릿속에서 떠오른 생각이었다. 그 이후로 자신의 능력에 비해서 하는 일이 보잘것없다는 생각이 사라졌다. 월급을 받으면 너무 기분이 좋았고, 월말에는 돈이 남았다.

예시 3: 곤궁의 늪에서 벗어나자

내가 도운 수많은 내담자 중엔 곤궁의 늪에서 허우적대는 사람이 많았다. 4장에서 언급한 카롤라가 대표적인 예다. 워크숍에서 카롤라가 자신이 깨달은 바를 이야기하자, 다른 참가자 레나는 알겠다는 듯 고개를 끄덕였다. 레나는 부모님한테 재정적인 지원을 받지 못했지만, 힘들 때 부모님과 친구에게 위로나 격려의 말을 듣는 게 얼마나 좋은지 털어놓았다.

"어떡하냐, 돈 때문에 골치 아프겠네."

"언젠간 해가 뜰 거야."

"더 좋아질 거야, 두고 봐."

이런 말을 들으면 공감을 받는 것 같아 기분이 좋아졌다. 재정적 지원을 받으면 이런 공감과 애정이 사라질 거라는 생각에 레나는 곤궁의 늪에서 빠져나올 수 없었다.

"돈을 더 잘 관리하고 내 힘으로 수렁에서 빠져나오면 아무도 '잘했어!', '그래, 계속 그렇게 해봐'라는 말을 안 해줄 것 같았어요. 하지만 계속 돈이 없으면 사람들이 공감해 주겠죠. 이 상황에서 벗어나면 한마디 칭찬이나 격려도 못 들을걸요." 얼마 지나지 않아 레나는 왜 곤궁의 늪에서 벗어나지 못하는지 깨달았다.

그렇다! 이게 바로 어른이 되는 과정이다. 인생에 책임을 지기 시작하면 동시에 아이답게 행동하는 걸 멈춘다. 나아가 자립해서 스스로 얻은 자존감은 다른 사람의 칭찬보다 더 기분이 좋다는 걸 깨닫게 된다.

저축만으로
모두 부자가 될 수 없다

돈 문제를 해결하는 법

최근 몇 년 동안 책, 잡지 기사, 블로그에서 제시하는 재정 문제 해결법은 항상 비슷하다. '돈 문제를 해결하려면 버는 것보다 덜 쓰면 됩니다.' 물론, 수입보다 지출이 적으면 돈 관리에 도움이 된다. 그러나 개인적인 경험에 비추어 보면 이 주장은 결정적인 무언가가 빠져 있다. 돈을 쓰게 만드는 감정적 요소(왜 가진 돈보다 더 많은 돈을 쓰는가?)를 터무니없이 무시할뿐더러 중요한 질문에 답을 제시해 주지 않는다. 소득이 너무 낮아서 현재 생활비를 충당하지 못한다면 어떻게 될까? 저축해 놓은 돈이 없다면 말이다.

직업 훈련 또는 재교육에 돈이 들어서, 실업 상태라서, 적은 월급으로 운 좋게 잔고 0원을 아슬아슬하게 피하는 등 적자가 나는 이유는 여러 가지다. 이들의 공통점은 저축할 수 없다는 것

돈의 감정

이다. 그래서 일반적인 조언을 뒤집어서 생각해보기로 했다.

새로운 수입 창출을 막는 변명을 차단하라

한 가지는 분명하다. 충분히 저축하는 건 어렵다. 자본주의 사회에서 사는 데 드는 최소한의 돈이 있다. 작고 싼 아파트도 월세를 내야하고, 출근하기 위해서는 교통수단이 필요하다. 걸을 때도 좋은 신발이 있으면 더 잘 걸을 수 있다. 숲속 외딴 오두막에서 자급자족하며 사는 경우가 아니라면, 한 달에 일정한 금액을 지출한다.

나가는 돈을 꼼꼼히 확인하고, 지출에 변화를 주어도 생활비가 모자라거나 비상금을 모아야 한다면 한 가지 선택지만이 남아 있다. 바로 수입을 늘리는 것이다.

그렇다. 지금 읽은 게 맞다. 더 많은 돈을 벌기만 하면 된다. 눈을 굴리면서 "풋, 진짜 웃기네. 어디 한번 계속해보시지."라고 냉소적으로 말하기 전에 자기 자신에게 진지하게 질문을 던져보자.

방학 동안 아르바이트를 했던, 실습을 하면서 돈을 받았던, 공부하면서 틈틈이 일을 했던, 처음으로 어떻게 돈을 벌었는가?

1. 이력서를 돌리고,
2. 일을 따냈을 것이다.

3. 책임감 있고 친절하게 일을 해냈을 것이다.
4. 그리고 월말에 돈을 받았을 것이다.

태어나서 처음으로 돈을 벌었을 때 이 4단계만 따르면 됐다. 그 이후로 아무것도 변한 게 없단 걸 잊지 말자. 돈을 벌기 위해서는 4단계만 따르면 된다. 회사원(면접, 취업, 업무 완료, 급여 징수)이든 프리랜서(제안서 제출, 프로젝트 수주, 작업물 제출, 비용 징수)든 자영업자(제품 개발, 론칭, 판매, 수입 창출)든 어떤 수입도 이 4단계를 벗어나지 않는다.

수입 창출을 막는 건 우리의 생각이다.
'투잡을 뛸 시간이 없어.'
'나이가 많은데 누가 날 써주겠어.'
'추가 수입이 생겨도 다 세금으로 나가는데, 뭐.'
'애들 때문에 오후에 집을 비울 수 없어.'

이미 내담자들로부터 수백 가지의 변명을 들었다. 변명 거리는 더 많을 것이다. 번지르르한 변명은 인생에 아무런 도움이 되지 않는다. 지금 문제에 시달리고 있다면, 아무리 변명하는 게 편하다 할지라도 변명과 작별 인사를 해야 한다.

돈의 감정

가능성 파악하기

나와 더 높은 수입 사이에 있는 장벽은 생각뿐이다. 불가능한 부분을 보지 말고 가능한 부분을 보자.

'주말에 하루 정도는 일할 수 있어.'

'내가 필요한 곳이 있을 거야.'

'부업으로 더 많은 수입을 올리면, 고용노동부의 취업 권고 압박으로부터 자유로워지고, 새로운 경험을 쌓은 덕분에 더 빨리 일자리를 찾게 될 거야. 결국엔 정부 지원을 받지 않아도 돼.'

'집에서 할 수 있는 일이 분명히 있을 거야.'

처음부터 이런 생각이든 건 아니다. 경험을 통해 수입을 올리면서 깨달은 사실이다.

예전 나의 코치는 이혼한 후 혼자 아이를 키우면서 5억 5,000만 원이 넘는 빚을 갚아야 했다. 본업 외에 두 가지 일을 더 했고, 5년 후, 빚을 다 갚았다. 아버지는 은퇴 후에 프리랜서로 이전 고객들에게 자문해 주는 일을 하셨다. 친한 친구 두 명은 서비스를 판매하여 장기 실업수당을 받는 상태에서 벗어나 자립했다. 이외에도 나는 정리 수납 코치, 가구 복원 업자, 요가 강사, 번역가, 장난감 제조업자 등 일과 육아를 병행하며 성공한 수많은 멋진 여성을 알고 있다.

그들 모두 4단계를 거쳤다. 당신도 할 수 있다. 이번 장의 마지막에서는 브레인스토밍을 통해 머리를 식히면서 어떻게 추가적인 소득을 올릴지 생각해보는 시간을 가질 것이다.

돈이 더 필요하다고
계속 느낀다면

내가 나를 방해하는 요소

　돈을 꽤 잘 버는 사람도 돈을 더 많이 벌고 싶다고 이야기하는 경우가 많다. 조금이라도 더 벌면, 하고 싶었거나 꿈꿔왔던 일을 할 수 있기 때문이다. 그런데 안타깝게도 내가 나를 방해하는 경우가 종종 있다. '더 많은 돈을 벌고 싶지만, 열심히 노력하기는 싫다'는 말은 단어 하나가 작지만 결정적인 차이를 가져온다. 무언가를 원한다는 것은 타협할 용의가 있다는 것을 뜻한다. 바르셀로나로 여행을 가고 싶은데, 만약 남편이 로마에 가자고 한다면 로마에 가도 상관없다고 생각하는 게 그 예다. 소망이나 꿈이 반드시 이루어진다고 생각하진 않는다.

　반면 무언가를 하겠다는 건 실천할 의지가 있다는 걸 의미한다. 바르셀로나에서 휴가를 보내겠다고 마음을 먹으면 어쩔 수 없는 경우에는 혼자서라도 가겠다는 뜻이다. 꿈이 아니라 의심

할 여지 없이 실행해야 하는 계획이다.

원하는 것과 하고 싶은 것의 차이 알아내기

미국 코칭 포럼에서 원하는 것과 하고 싶은 것의 차이를 아주 명확한 예를 들어 설명한 적이 있다.

몇 년 전 한 내담자는 자발적으로 직장을 그만두었다. 저축한 돈이 거의 다 떨어져서 새로운 일을 찾고 있었다. 새로운 일은 재밌으면서도 소원을 이룰 수 있을 정도로 충분한 수입을 올릴 수 있어야 했다. 나는 내담자에게 소원에 관해 물었다.

"예쁜 동네에 있는 좋은 집에서 살고 싶어요. 원할 때 원하는 곳으로, 원하는 방식으로 여행을 가고 싶어요. 부모님과 형편이 어려운 친척을 도와주고 싶어요. 그리고 의미 있는 프로젝트에 돈을 기부하고 싶어요."

이 말을 듣고 내담자에게 소원을 모두 이루기 위해 얼마나 많은 수입을 올려야 하는지 각 항목에 금액을 적어보라고 했다.

"아이고, 어떻게 그걸 다 써요. 좀 창피하네요. 적으라고 하니 너무 욕심이 나기도 하고요. 게다가 그만큼 돈을 많이 벌어도 충분하지 않을 것 같다는 생각이 들었어요. 돈이 너무 넘치면 가족이나 친구들이 더는 저랑 어울리고 싶어 하지 않을 수도 있어요."

이게 바로 요점이다. 돈이 많으면 문제가 생긴다는 생각을 극복하지 못하면, 돈을 손에 쥐고 있어도 결코 마음이 편하지 않을 것이다. 예쁜 집에서 살고, 여행을 가고, 부모님께 용돈을 드리고자 하는 꿈은 돈이 있어야 이룰 수 있지만, 정작 내담자는 돈을 원하지 않았다. 집을 사고, 여행하고, 돈을 쓰는 건 창피한 일도 아니고, 돈 욕심이 많아 보이지도 않는데도 말이다. 돈이 많으면 소원을 이룰 수 있겠다고 생각하지, '집을 사고, 여행을 떠나고, 부모님께 용돈을 드린다.'라는 말을 듣고 돈이 모자란다든가 너무 많다고 생각하는 사람은 없을 것이다. 그 내담자는 돈 자체만으로도 두려움을 느꼈다. 물건을 소유하는 것이 친구와 가족 관계에 전혀 영향을 끼치지 않는다고 해도 돈 자체가 문제가 될 수 있다고 생각했다.

즉, 돈에 관한 생각 때문에 돈을 벌지 못하는 것이었다. 그 무엇도 아닌 돈을 향한 감정이 내담자를 가로막고 있었다.

많은 돈을 버는 건 지출을 줄이거나, 빚을 갚거나, 재산을 늘리는 것만으로는 충분하지 않다. 지금보다 더 많은 돈을 더 벌고 싶다는 의지가 있어야 한다. 풍요로운 훗날을 큰맘 먹고 꿈꿔야 할 뿐만 아니라 두려움을 떨쳐버리고 그날이 오기를 진심으로 원해야 한다. 그다음에는 꿈을 실현하는 데 필요한 모든 행동을 취해야 한다.

돈을 버는 한계 없애기

내 안의 한계를 짓지 마라

부채를 줄이거나 재산을 늘리거나 씀씀이를 줄이는 것만으로는 충분하지 않다. 더 많은 돈을 벌 수 있는 용기도 있어야 한다.

두려움이 돈을 벌 수 없다는 이론을 블로그에 올렸을 때 많은 댓글이 달렸다.

'돈이 두렵지 않은데요.'

'돈에 대해 별생각이 없는데요.'

대부분의 댓글의 어조가 그랬다.

정말일까? 아직도 믿을 수가 없다. 그 이유를 설명하겠다. 간단한 테스트를 해보자.

내가 한 달에 2,000만 원을 벌고 싶다고 말하면 어떤 생각이드는가? 살짝 움찔했는가? 어떤 사람인지 확신이 안 서는가? 아니면 '그래도 그렇지, 뻔뻔하네!' 또는 '조금 줄여 말한 거 아냐?

양심적으로 줄여서 말했으니 잘했다고 칭찬해 줘야 하나?'라고 생각했는가?

아마 독자의 반응은 이 중 하나일 것이다. 비단 나의 이야기를 듣고 그렇게 반응할 뿐만 아니라 자기 자신에게도 그렇게 반응할 것이다.

벌고 싶은 금액을 말해 보라

한 달에 얼마를 벌고 싶은지 큰 소리로 말해 보자.

"글쎄, 연차를 따져보면 xy 만큼 벌 수 있겠죠?", "현실적으로 yz 정도 벌 수 있어요." 이런 말은 접어두고 숫자로 이야기해 보자.

100만 원

200만 원

300만 원

400만 원

500만 원

600만 원

슬슬 불편해지는가?

700만 원

800만 원

900만 원

1,000만 원

2,000만 원

5,000만 원

어느 지점부터 읽기가 고통스럽고 말도 안 된다고 느껴지는가? 그 지점에 도달하면 불쾌한 감정을 한쪽으로 밀어두지 말고 좀 더 자세히 들여다보자. 어떤 생각 때문에 이상한 기분이 들까? 돈을 잘 버는 사람들에게 어떤 편견이 있기에 많은 돈에 거부감이 드는가?

지금까지 이 책의 독자들이 200만 원에서 280만 원 정도를 벌고 싶다고 답했다면, 어떤 생각이 드는가?

내 생각 써보기:

_____

_____

_____

_____

만약 이 책의 독자들이 330만 원에서 560만 원 정도를 벌고 싶다고 답했다면, 생각이 바뀌는가?

돈의 감정

내 생각 써보기:

_____

_____

_____

_____

숫자가 바뀌면 반응도 바뀐다는 것을 알아차렸는가? 문제는 벌 수 있다고 믿는 것보다 더 많은 돈을 벌지 못한다는 거다. 330만 원을 받는다고 생각했을 때도 움찔하는데, 530만 원을 받을 일은 생기지 않을 것이다. 한 달에 2,000만 원을 버는 사람을 무정한 이기주의자라고 생각한다면, 결코 그만큼 돈을 벌지 못할 것이다. 내 생각과 해석이 돈을 벌지 못하는 걸림돌이 된다.

그렇다면 내가 할 수 있는 일은 무엇일까? 앞의 글을 통해 지금 어떤 상태인지 진단하고, 마음속으로 한 걸음 더 들어가 보자. 왜 편견과 신념을 가지게 됐는지 그 배경을 살펴보자. 나보다 돈을 많이 벌고, 행복하고, 친절하고, 남을 배려하는 사람을 아는가? 돈을 더 많이 벌 수 있다고 믿으면 인생에서 어떤 긍정적인 변화가 생길까? 모든 사람은 돈에 대한 편견이 있다는 걸 잊지 말자. 돈을 긍정적으로 볼지, 부정적으로 볼지는 당신의 선택에 달렸다.

구체적인 목표만이
꿈을 이룰 수 있다

돈을 벌고 싶다면 질문을 바꿔라

미국 나사NASA가 사람을 달에 보내겠다고 발표했을 때, 대부분은 그 말을 믿을 수 없었다.

발표 1년 후, "저 우주선을 보세요. 실제로 쏘아 올릴 수 있는 우주선이죠. 같이 우주로 갈 사람 있나요? 암스트롱, 올드린아폴로 11호의 선장과 조종사, 시간 어때요? 재미있을 거 같지 않아요?"

그리고 몇 달 후, 사람들 사이에는 이런 대화가 오갔다. "얘들아, 이것 봐봐. 믿어지지 않아! 사람이 달에 갔어."

어쩌다 이런 일이 생긴 게 아니다. 누군가는 달에 착륙하는 꿈을 꿨고, 꿈을 목표로 설정한 다음 꿈을 달성하기 위해 온 노력을 기울였다. 처음에 달에 간다는 게 과연 현실적인 목표였을까? 대다수의 사람들이 말도 안 된다고 생각했지만, 몇 명은 그 가능성을 믿었다. 그리고 그들은 목표만 보고 전진했다.

돈의 감정

경제적으로 성공하고 싶다면 반드시 이러한 태도를 지녀야한다. 목표를 설정하고 어떻게 하면 목표를 달성할 수 있는지 개별적인 단계를 생각해 보자. 목표를 정하고 그 순서를 따르면 된다. 대학에 가고 싶다면 먼저 수능시험을 쳐야 하고, 의사가 되고 싶다면 먼저 의대에 가야 하며, 취업하려면 자소서를 쓰고 이력서를 회사에 제출해야 된다. 많은 이들은 가만히 있어도 돈이 들어오고, 힘 있는 사람이 힘이 없는 사람에게 돈을 나눠주는 거로 생각한다. 돈은 명확한 목표를 설정해야만 그 목표를 손에 쥘 수 있다.

"직장에서 얼마나 많은 돈을 벌 수 있을까?"가 아니라 "500만 원을 벌고 싶은데, 어떻게 해야 하지?"를 고민해야 한다. 이제 고정관념에서 벗어나 자신의 재능, 기술, 취미, 관심사가 무엇인지 살펴보자. 시간과 노동력을 돈으로 바꾸는 것 외에, 돈을 벌 수 있는 다른 방법을 생각해 보자. 한 번의 생산으로 무한히 팔 수 있는 책, 인터넷 강의, 음악, 옷의 디자인, 요리법 같은 유무형의 제품으로 소극적인 수입을 올리거나, 주식이나 부동산 시장에 투자를 생각해 볼 수 있다. 참고로 이 주제는 마지막 장에서 다룰 예정이다.

현실성이 없다고 주저하지 말고, 나사의 젊은이들처럼 목표를 세우자. 하루에 1,000만 원 이상을 벌어들이는 사람들은 정말 많다. 그러나 1년에 1,000만 원을 벌지 못하는 사람도 많다.

꿈을 꾸는 사람만이 꿈을 이룰 수 있다

꿈을 향해 가는 과정에서 꿈을 이룰지 못할 것 같은 두려움에 사로잡힐지도 모른다. 남들이 나를 속단할까 봐 두려울 수도 있다. 목표를 너무 높게 설정하거나 너무 낮게 설정하는 게 아닐까 고민하기도 한다.

도전에 실패했다고 해서 성공할 수 없는 것은 아니다. 다른 사람들이 당신을 판단한다고 해서 그들이 항상 옳은 것도 아니다. 목표를 세웠다면 언제든지 목표는 수정할 수 있다. 결국, 그 목표는 당신이 세운 목표이기 때문이다.

가장 순수한 형태의 광기는 변화를 꾀하지 않으면서 동시에 무언가가 바뀌기를 바라는 것이다.
- 알베르트 아인슈타인 -

무언가를 바꿀 수 있는 유일한 사람은 당신이다. 상사도, 고객도, 동료도, 배우자도 나의 삶을 변화시킬 수 없다. 다른 사람에게 책임을 넘긴다면 더 편할 거 같지만, 사실 인생의 주인이 되면 삶이 더 재밌고 풍요로워진다.

명확한 숫자로 생각을 표현하라

앞에서 말한 것처럼, "직장에서 얼마나 많은 돈을 벌 수 있을까?"가 아닌, "500만 원을 벌고 싶은데, 어떻게 해야 하지?"라는

돈의 감정

질문을 던져라. 생각의 전환은 심리적인 관점에서 매우 중요하다. 인간의 뇌는 문제가 있으면 언제나 해결책을 찾는다. 그래서 잠이 안 오거나, 고민이 많을 때 머릿속에 여러 생각이 스쳐 지나간다. 해결책을 찾을 때 인간의 뇌는 빠르게 돌아간다. 현실적으로 어떤 해결책이 실현 가능성이 있는지 재기 시작한다면 "얼마나 많은 돈을 벌 수 있는가?"라는 질문에 답은 찾을 수 없다. 그래서 명확한 숫자로 생각을 표현해야 한다. 동료의 월급, 업계 보고서가 말하는 평균 임금, 세계 경제 현황 등은 무의미하고 목표가 없는 생각이다.

질문을 바꿔서 던져보자. "500만 원을 벌고 싶은데, 어떻게 해야 하지?"라는 질문을 던지면 이제 뇌는 해결 방법을 찾아 나선다. 어떤 재능, 기술, 관심사를 가지고 있나? 현재 하는 활동과 하고 싶은 활동에서 겹치는 부분은 무엇인가? 나의 아이디어를 구현하려면 어떻게 해야 할까? 목표를 달성하기 위해 어떤 단계를 거쳐야 하나? 목표를 달성하려고 생각하기 시작하면 두뇌는 적극적으로 일하기 시작한다.

돈을 벌 수 있는 관심 분야 적어보기

종이 위에 관심 있는 분야를 모두 정리해서 적어보자. 자신이 가진 모든 재능을 줄줄이 나열해 본 후, 관심 분야와 재능을 최대한 많이 조합해 본다.

첫 번째 단계에서는 할 수 있는 것을 마음껏 상상해 보자. 어처구니없어 보이는 조합도 괜찮다. 빈티지 자동차에 관심이 많고 베이킹에 소질이 있다면, '자동차 모양 케이크 만들기'를 써라. 결혼식과 스크랩북 만들기를 좋아한다면 결혼식 앨범을 만들 수도 있다. 골동품에 조예가 깊고 여행을 좋아한다면, 해외에서 골동품을 들여오는 일을 하는 건 어떨까?

마음을 열고 새로운 아이디어를 받아들이면 더 많은 아이디어가 떠오른다. 그러니 종이를 가까이 놓고 머릿속에 바로 떠오르는 걸 모두 적어보자. 시간이 흐르면서 계속 생각나는 아이디어가 있을 것이다. 아이디어의 다른 측면을 생각해 볼 수 있으며, 다양한 종류의 선택지가 있다는 걸 알게 될 것이다. 아이디어를 행동으로 옮길 생각을 하면, 기대로 마음이 벅차오를 것이다. 앞서 살펴본 아이디어들은 새로운 기회가 될 수도 있기에 반드시 시도해 보아야 한다.

예를 들어, 나의 관심 분야와 재능은 이렇다.

돈의 감정

재능 관심분야	언어	반려견	책	코칭	여행
글쓰기	번역	반려견 키우기 가이드 만들기	소설 쓰기 감상문 쓰기	번역가 워크숍 및 글쓰기 수업	여행 책자나 블로그 글 작성
가르치기	독일어 또는 영어 과외·강의하기	애견훈련소에서 1:1 훈련 하기	코칭 책 쓰기	코칭 강좌 하기	전 세계를 대상으로 워크숍 열기
요리하기	외국어로 요리 수업하기	강아지 수제 간식 만들어 팔기	요리책 번역하기	마음과 몸의 휴식을 위한 리트리트 열기	숙박업소에서 요리하기
랠리 보조 주행	국제 랠리 경주 문서 번역하기	개 산책 훈련하기 훈련 프로그램 만들기	랠리 보조 운전사를 위한 팁에 관해 글쓰기	랠리 보조 운전자용 온라인 코스 열기	스페인 코스타 블랑카 Costa Blanca 에서 빈티지 드라이버를 위한 루트 개발하기

이제 자신이 할 수 있는 것을 적어보자.

연습해 보기: 내가 할 수 있는 분야를 적어보자.

관심 분야 재능			

돈의 감정

돈이 들어오는 명상

돈이 더 많으면 누가 이득을 볼까?

돈을 더 많이 벌고 싶단 생각만 하면 마음이 불편한 사람에게는 이번 장에서 소개하는 명상이 적격이다. 명상의 제목은 '돈이 더 많으면 이득을 보는 사람은 누굴까?'이다.

내가 워크숍에서 "돈이 더 많으면 이득을 보는 사람은 누굴까?"라는 질문을 했을 때, 참가자들은 고개를 갸우뚱하고 쳐다보며 "유도 신문이죠?", "나 자신이라고 말하면 틀린 답이겠죠?"라고 대체로 답했다.

함정에 빠뜨리는 질문이 아니다. '나 자신'은 아주 좋은 답변이자 출발점이다. 그렇다고 여기서 멈춰서는 안 된다. 흔히 사람들은 돈 때문에 인간관계가 틀어진다고 말한다(개인적으로는 돈이 친구 사이를 갈라놓을 수는 있다고 생각한다). 돈을 적절하게 활용한다면, 정반대로 돈은 전 세계를 연결한다.

돈은 에너지다. 에너지는 흘러야 하고, 흐름이 막히면 문제가 생긴다. 돈을 적절하게 활용한다는 뜻은 돈을 쌓아 놓는 게 아니라 흐르게 놔두는 것이다. 즉, 소득과 지출, 은행에 맡기는 돈(저축 또는 투자)의 적절한 균형을 찾아야 한다는 뜻이다.

이득을 볼 사람 목록 만들기

자, 이제 시작해 보자. '돈이 더 많으면 이득을 보는 사람은 누굴까?'이다. 당신과 직접적인 관계가 있으며,이득을 볼 수 있는 사람의 목록을 만들자.

내가 쓴 목록을 예로 들겠다.

- 나
- 집 근처에 있는 유기농 슈퍼마켓. 돈이 더 많으면 장을 넉넉하게 보고 싶다.
- 펫 시터. 시간이 없을 때 강아지 롤라의 산책을 부탁할 수 있다.
- 필라테스 선생님. 일주일에 한 번이 아니라 두 번씩 레슨을 받을 수 있다.
- 어시스턴트. 몇 가지 일을 대신 처리해 줘서 내가 잘하는 일에 시간을 더 할애할 수 있다.

'1차 목록'을 만들고 한 단계 더 나아간다. 목록에 있는 사람 중 한 명을 선택하고, 어떤 일이 일어날지 생각해 보자. 예를 들어, 내 목록에는 어시스턴트가 있다. 돈이 많아져서 몇 가지 일을 대신 처리해 주고, 잘하는 일에 시간을 더 할애할 수 있게 해 주는 어시스턴트 한 명을 고용한다고 치자.

돈이 많아지면 이득을 보는 사람은 다음과 같다.
- 나
- 어시스턴트

어시스턴트는 월급을 받아 자녀의 학원비를 낼 수 있게 되었다. 즉, 돈이 많아지면 다음 사람들이 이득을 볼 것이다.
- 나
- 어시스턴트와 자녀
- 어시스턴트 자녀의 학원 선생님

한 걸음 더 나아가서 유기농 슈퍼마켓을 예로 살펴보자. 브라질산 공정 무역 원두를 구입하고, 생산 및 공급 과정을 따라가 보면, 나는 가게 주인, 도매업자, 운송 회사를 돕고, 궁극적으로 커피 농부를 돕고, 커피 농부의 아이를 학교에 보낸다. 나에게 돈이 더 많아지면 생기는 일이다.

돈을 올바르게 활용하면, 돈이 사람을 이어준다. 이 연습을 매우 좋아한다. 돈이 많아지면 더 나은 사람이 될 수 있다. 환경을 보호하고, 동물을 더 나은 환경에서 살게 하고, 유해 물질 걱정 없는 오가닉 의류와 공정 무역 상품을 구입하며, 지속 가능한 사업을 하는 회사에 투자하는 등 사회적 문제의 인식을 높이고, 이를 구체적으로 도울 수 있다.

이 연습이 정말 좋은 이유는 명상에 걸맞기 때문이다. 저녁에 침대에 누워서 이 명상을 하면, 기분 좋게 잠들 수 있다. 위에서 설명한 대로 따라 하기만 하면 된다. 돈이 많아지면 어떤 사람들이 직접적으로 이득을 누릴 수 있을지 생각해 본 후 그 사람 한 명 한 명이 빛나는 작은 반점이라고 상상해 보자. 그다음 맨먼저 작성한 목록을 꺼내서 그 사람들과 어떤 사람들이 연결되어 있는지 생각해 보고, 빛의 반점도 그렇게 이어졌다고 상상해보자. 더 멀리 생각해 볼수록 빛의 반점이 어떻게 전 세계에 연결되어 있는지, 돈 덕분에 사람들과 연결되는 게 얼마나 감사한 일인지 알 수 있을 것이다. 잠들기 전에 이보다 더 뿌듯한 감정을 느낄 수 있을까?

돈의 감정

빚을 빨리 탕감하는 '눈덩이 부수기'

빚이 마음을 짓누르고 있다면

수입과 지출에 관심을 갖다 보면 다른 지출보다 더 언짢은 기분을 들게 하는 지출을 발견하게 된다. 바로 빚이다. 은행에서 대출을 받았든, 가게에서 외상으로 물건을 샀든, 가족 또는 친구에게 돈을 빌렸든 상관없다. 아마 그 돈을 손에 쥐었을 때(수입)만 기분이 좋았을 것이다. 곤란한 상황을 벗어나거나 원하는 걸할 수 있었기 때문이다(대출을 받아 지출). 그러나 매달 돈을 갚아야 하기에 마음이 썩 편치는 않다.

그럼 어떻게 해야 할까? 빚은 결국 내 돈이 아니다. 세금과 마찬가지로 돈을 갚을 때까지 내가 일시적으로 돈을 관리하는 것뿐이다. 이런 관점에서 볼 때 빚이 마음을 짓누르는 건 당연하다. 그래서 최대한 빨리 갚는 게 좋다. 경험에 비추어 보면, 눈덩이처럼 불어나는 빚을 없애는 가장 빠르고 우아한 방법은 다음에 소개할 '눈덩이 부수기'다.

눈덩이 부수기

눈덩이처럼 불어나는 빚에 눈사태를 일으켜 부수는 방법이다. 먼저 모든 채무를 금액별로 나열한 후, 가장 적은 금액의 채무를 맨 위에 적는다. 각각의 채무를 매달 최소 몇 퍼센트 상환할 수 있는지 적어본다.

이제 채무 금액을 월 상환액으로 나누어 상환해야 하는 기간(잔여 상환 기간)을 알아본다.

채무의 개별 상환액을 더해 월별 총 상환액을 산출한다.

예시

채권자	채무액	원금 상환액/월	상환 기간(개월)
A	50만 원	5만 원	10개월
B	123만 원	5만 원	25개월
C	350만 원	12만 원	29개월
D	1,800만 원	25만 원	72개월
월별 총 상환액		47만 원	

이 예시에서 모든 채무와 관련해 매달 상환해야 하는 최소 금액은 47만 원이다. 빚을 다 갚을 때까지 매달 47만 원을 상환해

야 한다. 매월 갚아야 할 금액의 명세는 달라지겠지만, 어쨌든 매월 정해진 금액 채권자에게 금액을 이체하는 게 빚 탕감을 향한 첫걸음이다.

10개월 안에 A 채권자에게 상환을 마친 경우, A에게 갚던 돈(5만 원)이 B에게 할당된다.

10개월 후 – A에게 채무 상환 완료

채권자	채무액	원금 상환액/월	상환 기간(개월)
A	~~50만 원~~	~~5만 원~~	~~0개월~~
B	신규 채무 잔액 73만 원	신규 원금상환액 10만 원	신규 상환 기간 7개월
C	230만 원	12만 원	19개월
D	1,550만 원	25만 원	62개월
월별 총 상환액		47만 원	

이제 15개월 대신 7개월만 B에게 빚을 갚으면 된다. A 채무를 상환했으므로 두 배씩 갚아 나갈 수 있다. B에게 빚진 돈을 다 갚으면, A와 B에 들어가던 금액을 C에게 보낸다. C에게 빚진 돈을 다 갚으면, D 상환에만 집중한다.

7개월 후 – B에게 채무 상환 완료

채권자	채무액	원금 상환액/월	상환 기간(개월)
~~A~~	~~50만 원~~	~~5만 원~~	~~0개월~~
~~B~~	~~73만 원~~	~~10만 원~~	~~7개월~~
C	146만 원	22만 원	7개월
D	1,375만 원	25만 원	55개월
월별 총 상환액		47만 원	

7개월 후 – C에게 채무 상환 완료

채권자	채무액	원금 상환액/월	상환 기간(개월)
~~A~~	~~50만 원~~	~~5만 원~~	~~0개월~~
~~B~~	~~73만 원~~	~~10만 원~~	~~7개월~~
~~C~~	~~146만 원~~	~~22만 원~~	~~7개월~~
D	1,200만 원	47만 원	26개월
월별 총 상환액		47만 원	

지금까지는 월별 상환액을 조정할 수 있는 경우를 대략적으로 살펴보았다. 월별 상환액이 고정되어 상환액을 바꿀 수 없는 경우에도, 눈덩이를 부수는 방법을 사용할 수 있다. 원리는 앞에서 살펴본 것과 비슷하다. 눈덩이를 부수는 방법을 쓰면 D에게 총 72개월, 즉 6년에 걸쳐 빚을 갚는 대신, 50개월인 4년 2개월

만에 빚을 갚을 수 있다. 부연 설명하자면, C에게 채무 상환을 마치면 약 1,200만 원의 채무가 남는다. 원래대로 다달이 47만 원을 갚으면 위의 표처럼 26개월 만에 채무를 상환할 수 있겠지만, 균등 분할 상환을 택한 경우라면 정해진 금액 25만 원만 갚을 수 있어 22만 원이 남는다. 이 경우 22만 원을 저축 통장에 저금하면 된다.

빚을 하나하나 갚아갈 때마다 남는 돈은 저축 통장에 이체하고, 앞으로 갚아야 할 금액이 모일 때까지 저금한다. 금액이 모이면 매월 저축 통장에서 빚을 갚아나감으로써 여러 채무를 비슷한 시기에 완전히 상환할 수 있다. 다음은 A~C 채무를 완전히 상환한 후 월 상환액이 고정된 D 채무를 갚는 시나리오다.

월 상환액 고정형: D에게 균등 분할 상환하기

채권자	채무액	원금 상환액/월	상환 기간(개월)
A̶	5̶0̶만̶ 원̶	5̶만̶ 원̶	0̶개̶월̶
B̶	7̶3̶만̶ 원̶	1̶0̶만̶ 원̶	7̶개̶월̶
C̶	1̶4̶6̶만̶ 원̶	2̶2̶만̶ 원̶	7̶개̶월̶
D	1,200만 원	25만 원	48개월
월별 저축액		22만 원	
월별 총 상환액		47만 원	

26개월 동안 열심히 저축 통장에 돈을 쌓아 놓으면 채무를 상환할 만큼의 돈이 생긴다. 만약 25만 원씩 갚았다면 48개월이 걸렸을 텐데, 남은 22만 원을 다른 통장에 저금해서 채무를 상환할 종잣돈을 만들었기 때문에(22만 원×26개월=572만 원), 1,200만 원÷47만 원=25.5개월, 즉 26개월 안에 돈을 다 갚을 수 있다!

(25만 원×26개월=650만 원)+(22만 원×26개월=572만 원)=1,222만 원 (*이자는 미반영)

빚이 있는데도 저금을 할 수 있다는 게 부작용이라면 부작용이랄까? 빚을 갚으면서 저축을 할 수 있다는 건 자존감을 높이는 데 정서적, 심리적으로 도움이 된다.

나는 표와 목록을 지나치게 좋아한다. 무엇을 잘했는지 한눈에 볼 수 있어서 동기 부여가 되기 때문이다. 그러나 모두가 표와 목록을 좋아하는 건 아니라는 사실도 안다. 표가 너무 복잡해 보인다면 창의력을 발휘해서 빚을 줄이는 방법을 생각해 보자. 그저 자기 자신의 마음에 드는 방법으로만 눈덩이 부수기를 시각화하면 된다.

예를 들어, 커다란 만다라를 인쇄하고 특정 금액을 갚을 때마다 알록달록하게 색을 칠해 본다. 또는 1,000 피스 퍼즐을 사서

돈의 감정

한 피스당 5,000원, 1만 원 또는 10만 원 등 일정 금액을 정해놓고 빚을 갚아나갈 때마다 해당하는 숫자만큼의 조각을 맞춘다. 뜨개질이나 자수를 좋아한다면 빚을 갚아 날 때마다 한 땀 한 땀 뜨면 된다.

빚을 갚은 후 나 자신에게 선물을 주고 싶다면, 새롭게 배운 내용을 나만의 방식으로 활용해 보자. 갚은 돈의 절반 정도를 저축하거나 투자해서 다시는 빚을 내는 일이 없도록 하자. 빚이 있으면 인생이 자유롭지 못하다.

[가까워지기]
돈과 친해지는 법

돈을 만질수록 돈과 가까워진다

손길의 힘

사랑하는 사람과 손길을 주고받는 건 서로의 관심과 애정을 표현하는 행위다. 아동이 건강한 성인으로 거듭나기 위해서는 부모의 따뜻한 손길을 느낄 수 있는 신체적인 접촉이 필요하다. 스킨십을 싫어 하는 사람과 연인 관계를 맺는 건 상상하기 힘들다. 몇 년 전, 나는 베를린에서 미국의 라이프 코치인 가브리엘 번스타인Gabrielle Bernstein이 주최한 행사에 참석했다. 명상을 하던 중에 내 뒤에 앉은 여자가 서글프게 흐느껴 울기 시작했다. 곧바로 손을 뻗어 어루만져주고 싶었지만, 너무 멀리 앉아 있었다. 명상이 끝나자 몸을 돌려 그녀에게 물었다.

"안아줄까요?"

여자는 바로 내 품에 안겼다. 혼자 견디는 것보다 전혀 모르는 사람과의 포옹, 그 자체가 더 좋다니, 정말 놀라웠다. 이렇게

돈의 감정

손길의 치유력은 정말 강하다.

몸을 어루만지는 것만큼 내면을 어루만지는 일도 중요하다. 몸과 마음과 가까워지는 건 앞 장에서 다루었던 주제 '관심'과 완벽하게 연결된다.

아침 출근길에 느끼는 감정에 주의를 기울여 보자. 마음이 활짝 열려 있는가 아니면 마음이 닫힌 듯한 느낌이 드는가? 방금 제안받은 일자리를 생각하면 몸은 어떻게 반응하는가? 밤에 집에 오면 어떤 생각이 드는가? 행복한가 아니면 근심이 가득한가? 돈을 쓰거나 수입을 올릴 때 어떤 감정이 드는가? 돈에 대한 감정을 알기 위해서는 최소 4주간 감정 가계부를 써보자. 감정 가계부를 쓰면 돈에 자연스럽게 관심이 생겨 돈과 가까워져서 돈을 잘 알게 되고, 돈과 가까워질 수 있다. 돈을 아는 것에서 한 걸음 더 나아간 게 돈과 가까워지는 것이다.

당신이 체크카드나 신용카드를 쓰는 부류인지, 아니면 계좌이체를 선호하는 부류인지 생각해 보자. 언제 마지막으로 현금으로 새 자전거, 컴퓨터, 차 등 값이 나가는 물건을 현금으로만 구매했는지 기억나는가? 카드를 긁고, 온라인 뱅킹을 하는 것에 너무 익숙해져서 화폐와 동전, 즉 현금을 손으로 만지지 않았을 확률이 높다.

연인 관계도 마찬가지다. 스카이프나 핸드폰 메신저, 이메일로 연락하지만, 직접 만나서 스킨십을 하는 경우는 많이 줄었다.

코로나19가 발발했을 때, 메신저와 이메일 덕분에 소중한 사람들과 연락을 이어나갈 수 있었던 건 사실이다. 그러나 개인 간에 직접적인 접촉이 없는 관계는 오래 지속되지 못할 것이다.

돈은 당신에게 어떤 친구인가

현금을 쓰는 걸 죽어도 싫어하는 내담자가 있었다. 앱이나 카드로 결제하거나 통장으로 이체를 했다. 나는 내담자에게 이 책의 '시각화' 파트에서 살펴봤던 질문을 했다.

"만약 돈이 당신의 친구라면, 어떤 친구일까요?"

"한번 들리겠다고 말만 하면서 절대 놀러 오지 않는 친구일 거예요." 내담자가 답했다.

나는 좀 다르게 봤다. 돈이란 친구는 꼬박꼬박 집에 놀러 왔다. 하지만 집 앞에는 "들어오시면 안 됩니다."라고 말을 하는 문지기가 있었다. 문지기는 바로 체크카드, 신용카드, 온라인 뱅킹과 앱이었다.

그 내담자에게 나는 ATM기에서 만 원을 찾은 후, 일주일 동안 쓰지 않고 항상 가지고 다니는 숙제를 내주었다. 지갑이나 핸드백 속에 넣지 말고 바지 또는 외투 주머니 같은 곳에 넣고 항상 몸에 지녀야 한다고 했다. 침대 옆 탁자 위에 놓고 자고, 아침에 화장실에 갈 때도 들고 가야 하며, 한마디로 종일 들고 다녀야 한다고 했다.

일주일 후 내담자를 다시 만나 숙제가 어떻게 되어가고 있는지 물었다. 솔직히 첫 번째 날은 힘들었다고 했다. 돈이 더럽고 불편하게 느껴졌기 때문이다.

"그런데요." 내담자가 말을 덧붙였다. "이제는 만 원짜리 지폐가 너무 좋아서 일주일간 더 가지고 다니기로 했어요.".

'돈은 더럽다'라는 생각은 많은 사람의 머릿속을 괴롭힌다. 어린아이가 돈을 입에 가져가려 하면, "지지, 더러워!"라는 잔소리를 한다. 물론 많은 사람의 손을 거치는 돈에는 세균이 득실득실할 테니 돈을 입에 넣는 건 말리는 게 맞다. 그런데 '돈은 더럽다'는 문장에는 다른 의미도 담겨있다. 돈을 많이 벌려면 '더러운 사업'을 해야 하고, 부자들은 비도덕적이라는 생각이 무의식에 깔려 있다. 부정하게 번 돈을 굳이 깨끗하게 '세탁'할 필요가 없다고 생각한다.

'더럽다'라는 뜻이 두 가지 의미로 쓰이는 건 돈밖에 없다. 옷이 더러우면 세탁기에 넣고 별생각 없이 옷을 빤다. '더러운 옷을 입는 사람은 믿을만한 사람은 못 돼.'라고 생각하지 않는다. 식기, 자동차, 머리카락, 집이 더럽다는 건 말 그대로 깨끗하지 않은 것을 뜻한다. 일반적으로 '더럽다'는 것은 단순히 먼지나 오물, 박테리아가 있어서 깨끗이 씻어야 한다는 걸 의미한다. 돈을 지칭할 때만 '더럽다'는 말이 도덕적으로 떳떳하지 못하다는 걸 가리킨다.

한 워크숍에서 나는 아이들이 '더럽다'를 두 가지 의미로 이해하지 않도록 가르치는 방법을 고안했다. 바로 이렇게 말하면 된다.

돈은 더럽지 않다. 세균만 있을 뿐.

만 원을 몸에 지니고 다니기

돈에 대한 거부감 없애기

내담자의 이야기로 돌아와 보자. 일주일 뒤 다시 내담자를 만났다. 버스표를 사야 하는데 앱이 작동하지 않아서 계속 가지고 다니던 그 돈을 어쩔 수 없이 썼다고 말했다.

"근데 만 원이 없어지니 정말 이상한 기분이 들었어요." 그녀가 말했다. "그래서 가장 가까운 ATM기에 가서 만 원을 뽑았어요."

내가 알기로 그 내담자는 지금까지 만 원권을 항상 가지고 다닌다. 왜 이 연습을 하는 걸까? 그냥 만 원을 들고 다니면 어떤지 보라고? 아니다. 놀랍게도 이 연습은 사람들의 삶을 변화시켰다. 특히 이 사례가 더더욱 그랬다.

내담자는 임원 비서였다. 괜찮은 직업을 가지고 있었지만, 월말에 월급이 얼마 남지 않는 경우가 수두룩했다. 전혀 놀랍지 않았다. 인생에서 돈을 원하지 않는 사람은 무의식적으로 돈을 없애기 위해 수단과 방법을 가리지 않기 때문이다. 내담자는 시간이 날 때마다 비즈로 장식한 개 목걸이를 만들어 팔았다. 사실상 쏠쏠한 수입을 올릴 수 있었지만, 이 연습을 마칠 때까지 그녀는 개 목걸이가 돈이 될 거라고 생각하지 않았다. 어쨌든 내담자는 불쾌한 느낌이 드는 돈을 최대한 적게 가지고 싶었다.

연습을 통해 내담자는 현금에 대한 거부감을 없앨 수 있었다. 둘째 주에 말한 것처럼 몸에 지니고 다니는 현금 만 원이 점점 좋아졌다. 만 원에 대한 태도가 돈에 대한 전반적인 태도로 자리 잡았다. 이제 현금을 가지고 다닐 수 있게 되었고, 돈은 필요악이 아니라 삶의 동반자라는 걸 깨달았다.

그뿐만 아니라 돈을 꼭 쓰지 않더라도 즐거울 수 있다는 걸 깨달았다. 나아가 내담자는 개 목걸이를 만드는 데 드는 시간을 계산했다. 개 목걸이를 만드는 취미는 부업이 되어 부수입을 올리기 시작했고, 일 년에 한 번씩 그 돈으로 여행을 갈 수 있게 되었다.

돈을 적게 쓰고 싶다면 카드보다 현금으로

돈과의 관계를 개선하고 싶다고 해서 꼭 만 원짜리 지폐를 들고 다닐 필요는 없다. 일단 무엇이든 더 자주 현금으로 계산해보자. 직접 현금을 내고 물건을 사는 기분이 카드로 살 때와 어

　　　　　　　　　　　　　　　　　　돈의 감정

떻게 다른지 느낄 수 있을 것이다. 그리고 더 적은 돈을 쓰게 될 것이다.

미국에 있는 언니한테 놀러 갈 때마다 주로 신용카드만 가지고 갔다. 큰 지갑을 들고 다니지 않아도 됐고, 카드사가 현지 통화를 유로화로 전환해서 사용 금액을 청구했기 때문에 환전하지 않아도 됐다. 정말 편리했다. 그런데 매번 계획한 것보다 더 많은 돈을 썼다. 카드는 지갑에서 바로 꺼내서 긁을 수 있었고, 미국에서는 장소를 가리지 않고 사용할 수 있었다. 매번 연휴가 끝나고 신용카드 결제일이 다가오면 정신이 번쩍 들었다.

돈과 관계 개선을 시작한 후에 다시 언니를 보러 갔다. 이번에는 미국에 머무르는 동안 쓸 돈을 현금으로 가지고 갔다. 신용카드는 비상용으로 챙겼다. 한 가게에서 마음에 드는 원피스를 보았다. 몸통이 좀 조였지만 독일에 돌아가서 수선을 맡기면 될 것 같았다. 게다가 원피스는 28달러밖에 안 했다. 이리저리 살펴봐도 정말 헐값이었다. 함부르크로 돌아간 다음 날 원피스를 입을 일이 있었다. 몸에 맞게 수선하려면 시간이 촉박할 것이다. 그러나 그 이후엔 원피스를 입을 일이 없었다. '좀 작으면 어때. 가격이 이렇게 괜찮은데.'라고 생각했다.

계산대에서 지갑을 여는 순간, 신용카드를 내미는 대신 잠시 멈춰 현금을 내밀었다. 수선을 맡겨야 하고, 입을 일이 없는 옷을 사는 대신, 그 돈을 도로 지갑에 넣으면 언니와 함께 맛있는

타코를 먹거나 마가리타를 마실 수 있지 않을까?

원피스를 다시 가게 옷걸이에 걸었다. 저녁에는 그 돈으로 바에 가서 언니에게 술을 샀다.

계산대에서 신용카드를 냈으면 바로 원피스를 샀을 것이다. 하지만 현금으로 내다보니 지금 필요하지 않은 걸 사려고 손에 28달러를 들고 있는 게 완전 터무니없게 느껴졌다. 신용카드로 샀다면 절대 깨닫지 못했을 것이다. 하지만 현금으로 계산하면 소비에 더 세세하게 주의를 기울이게 되어, 다른 일을 위해 돈을 절약하거나 더 가치 있는 물건을 구매하는 데 돈을 쓸 수 있다.

현금으로 물건을 구매하면 돈을 덜 쓰게 된다는 이론에 관해 이야기를 나누었던 친구는 아들에게 자전거를 사줄 때 이 이론을 실천해 보았다. ATM기에서 돈을 찾아, 이 돈으로 자전거를 사라고 아들의 손에 현금을 쥐여줬다. 아들은 매대에 표시되어 있는 가격을 보고, 손에 쥔 돈을 가게 주인에게 줌으로써 자전거의 가치를 다시금 생각해 볼 수 있었다. 또, 예전에 있던 자전거보다 새로 산 자전거를 더 소중하게 다룰 수 있게 되었다.

돈의 감정

주변 반응에 휘둘리지 마라

익숙한 행동 벗어나기

안전지대 밖으로 나와야만 성장할 수 있다는 말을 들어본 적이 있을 것이다. 그러나 가까이 살펴보면 '안전지대'라고 부르는 곳이 그다지 편안하지 않다는 걸 알게 될 수도 있다. 재정 상태 등 삶에서 만족스럽지 않은 부분들이 있는데, 정말 안전지대 안에 있다고 말할 수 있을까? 아니면 그냥 '익숙한 지대'에 있는 것일까?

나는 재정적으로 흔들렸을 때도, 또 돈이 넉넉했을 때도, 현재 상황에 관해 솔직하게 말할 수 있었다. 할 수 있는 건 말하는 것밖에 없었다. 또, 몸이 어떻게 반응할지도 정확하게 알고 있었다. 집으로 청구서나 벌금이 날아올 때 가슴이 두근거렸고, 온라인 뱅킹에 로그인하기 전 손에 땀이 흥건하게 고였으며, 슈퍼마켓 계산대에서 체크카드로 결제를 할 때마다 잔고가 충분하길

빌었다.

안전지대 밖으로 나가야 성장을 할 수 있는 게 아니라, 우선 개인적으로 성장을 해야 안전지대를 찾을 수 있는 게 아닐까?

익숙한 상황에서 벗어나는 건 두려운 일이다. 몇 주동안 받던 코칭이 끝났을 때, 나는 돈에 대한 두려움을 창문 밖으로 던져버리기로 했다. 그 당시에 어디에 있었는지, 또 어떤 기분이었는지 생생히 기억한다. 6월 17일 함부르크에서 차를 타고 다리를 건너고 있었다. 창문을 여니 신선한 공기가 머리를 스쳤다. 나는 엘베강 한가운데서 두려움과 작별 인사를 하고, 두려움을 훨훨 날려버렸다.

그 후 열흘간은 마치 안전띠를 매지 않고 안경을 쓰지 않은 채 롤러코스터를 타는 기분이었다. 어찌해야 할지 몰랐다. 차분하게 우편함의 청구서를 보는 법도, 손에 땀을 쥐지 않고도 통장 잔고를 보는 법도 몰랐다. 두려움은 공사장의 철근 같았다. 철근을 잡지 않고서는 공사장에서 움직이지 못할뿐더러 움직일 수 있는 범위가 한정된 것처럼, 두려움 없이 돈을 관리할 수 없었다. 갑자기 철근이 없어지니, 가고 싶은 곳으로 가고 하고 싶은 걸 할 수 있었지만, 슬프게도 영원히 길을 잃은 기분이 들었다.

지금 느낌을 있는 그대로 받아들이기

돈과의 관계를 바꾸기 시작할 때도 비슷한 감정을 느낄 수 있

돈의 감정

다. 그러니 불확실한 시기를 최대한 침착하게 받아들이자. 감정 가계부 덕분에 감정을 판단하지 않고 있는 그대로 느끼는 데 익숙해졌고, 이제는 감정이 전달하려는 메시지를 들을 수 있다. 그러니 시간을 내어 감정에 귀를 기울이고, 감정에 한 걸음 더 다가가 불쾌한 기분이 사라졌을 때 무슨 일이 일어나는지 관찰해 보자.

그 당시에는 잘 몰랐던 감정이 마음을 비집고 들어왔다. 열흘 동안 그 감정을 느낀 후에야 비로소 이름을 붙일 수 있었다. 자유! 더는 사람들도, 제도도, 숫자도 내 기분을 좌우할 수 없었다. 자유롭게 선택할 수 있었다. 두려움이 사라진 덕분에 자유롭게 사고할 수 있었고 다른 행동과 반응을 생각해 볼 수 있었다.

세무서에서 우편물이 왔을 때는 '일단 지금 읽어보고 이해가 안 되면 회계사에게 전화해야겠다.'라고 생각할 수 있게 되었다.

청구서를 받았을 때도 '좋아, 금요일에 돈과 데이트할 때 봐야겠다. 일단 청구서를 모아놓는 폴더에 놓고 오늘은 신경을 꺼야지'라고 정리할 수 있게 되었다.

심지어 걱정스러울 정도로 통장에 남은 돈이 적어도 '월말에 1,000원은 남기려면 어떻게 해야 할까?'라고 스스로에게 질문하게 되었다.

외부 자극에 휘둘리지 말고 적극적으로 행동을 결정할 수 있는 자유를 누려 보자.

나 자신과 가까워지면, 내가 하는 행동 중 무슨 행동이 싫은지 알게 되는 순간이 반드시 온다. 그리고 그 행동을 바꾸기로 결심한다. 식습관을 더 건강하게 바꾸거나, 운동을 시작하거나, 머니 코치와 함께 돈 문제를 해결할 수도 있다. 혹은 새로운 일을 시작하려고 현재 직장을 그만둘 수도 있다.

이때 '사람들이 어떻게 생각할까?'라는 생각이 들 수도 있다. 여기서 말하는 사람들은 가족, 동료, 친구, 이웃 또는 심지어 전혀 모르는 사람일 수도 있다. 많은 여성은 어렸을 때부터 혹여나 '사람들'이 나에 대해 안 좋게 생각할까 조심스럽게 행동한다. 나 역시도 몇 년 동안 다른 사람의 기대에 부응하며 살았다. 지금 생각해 보면 그 시간이 아쉽게 느껴지지만, 그때의 내 모습 역시 나라고 인정하니까 마음이 편해졌다.

연습해 보기: 나에 대한 평가 적어보기

'사람들'이 당신을 어떻게 생각하는지 어느 정도는 알고 있을 것이다.
사람들이 나를 어떻게 생각하는지 적어보자.

'사람들'은 나를 어떤 사람이라고 생각할까?

1. _____

돈의 감정

미안하지만 이 연습은 아무 소용이 없다. 왜냐고? 다른 사람들이 나를 어떻게 생각하든, 다른 사람들의 생각을 바꿀 수 없기 때문이다. 게다가 상대방이 원하는 대로 행동하는 건 솔직히 심리를 조작하는 방법 중 하나다. 우리는 상대방이 원하는 방식대로 행동할 때 사랑받거나, 존중받거나, 존경받거나, 칭찬받거나, 인정을 받거나, 의지를 관철할 수 있다고 믿는다.

몇 년 전, 베를린에서 열린 세미나에서 내 이론을 시험할 기회가 있었다. 세미나에는 아는 사람이 아무도 없었다. 보통 아는 사람이 없으면 구석에 서서 내심 누군가가 말을 걸어줬으면 좋겠다고 생각했지만, 이번에는 용기를 냈다. 네 명의 여성이 서 있는 곳으로 걸어가서 웃으며 말을 건넸다.

"안녕하세요, 저는 이보네예요."

그 후 3일간 그녀들과 더 자주 마주쳤고, 마주칠 때마다 대화를 나눴다. 자주 대화를 나누다 보니 질문을 던져봐도 될 것 같은 자신감이 생겼다. 세미나 마지막 날, 그녀들에게 물었다.

"제가 다기와 자기소개를 했을 때 첫인상이 어땠어요?"

"꽤 주제를 넘는다고 생각했어요."

"바로 마음에 들었어요."

"조심스럽게 접근하신 것 같았는데요."

"후광이 나는 사람이 걸어온다고 생각했어요."

동시에 네 명과 통성명을 했는데도 그녀들은 나에 대해 각각 다른 인상을 받았다고 털어놓았다. 대답을 들으니 안심이 됐다. 나에 대한 다른 사람의 생각에 영향을 미칠 수 없다는 걸 깨달으면, 그들의 생각을 바꾸려는 노력을 멈출 수 있다! 마침내 나는 나를 괴롭히는 문제를 해결하고 마음이 가는 대로 행동할 수 있게 되었다.

연습해 보기: 나 자신과 친해지기

다른 사람이 당신을 어떻게 생각하는지 걱정하지 않아도 된다면 어떻게 행동할까?

나는...

1. _____

2. _____

3. _____

4. _____

5. _____

정말 멋진 건 나 자신을 더 잘 알게 될 수록, 또 내가 어떤 사람인지 또 어떤 행동을 하는지 더 많이 알게 될 수록, 다른 사람이 나를 안 좋게 생각할까 걱정하지 않게 된다는 사실이다.

처음에는 아무도 날 좋아하지 않는 건 아닐까 두려움이 앞섰다. 그러나 사실은 정반대다. 다른 사람의 기대에 따라 행동하지 않는 순간이, 바로 내가 진정 어떤 사람인지를 보여줄 수 있을 때다.

가면 바꿔쓰기

나를 감춘 가면을 벗는 순간 진짜 내 사람이 남는다

나는 이걸 '가면 바꿔쓰기'라고 부른다. 우리는 평소에 여러 개의 가면을 가지고 있다가 어떤 상황에서 누굴 만나냐에 따라 가면을 바꿔쓴다. 사실은 머리를 3일 동안 감지 않았고, 집은 폭풍우가 한차례 지나간 듯 지저분한데도, 다른 학부모들과 함께 있을 때면 무슨 일이든 척척 해내고, 스트레스 따위는 모르는 '완벽한 어머니'의 가면을 쓴다. 또, 동료들이 자신을 친절하고 유쾌한 사람이라 생각했으면 하는 마음에, 승진 후보에 올랐으면 하는 마음에 아무런 불평 없이 잔업을 마치고, 여전히 웃긴 농담을 하는 '매력적인 동료' 가면을 쓰고 매일 아침 사무실로 출근한다.

'좋은 딸' 가면을 쓴 여성은 그래픽 디자이너나 미용사가 되고 싶었지만, 부모님의 사랑을 받기 위해서 치과 대학에 진학했

돈의 감정

다.

　이런 가면을 쓰면 우리는 사랑받고, 존중받으며, 존경받고 있다고 믿어버린다. 하지만 가면을 쓰고 받는 사랑과 존중, 존경은 아무런 가치가 없다! 가면을 쓰는 바람에 다른 사람이 나의 진짜 얼굴을 볼 기회조차 없었다. 우리는 다른 사람에게 보여주고 싶은 모습만 보인다. 그리고 그 사람들은 내가 보여주는 모습을 진짜라고 믿는다. 우리는 우리가 보여주는 모습이 다른 사람들이 바라는 모습이라고 믿는다. 휴, 꼬리에 꼬리를 무는 생각이다.

　가면을 한쪽에 치워놓아야 다른 사람들이 나의 진짜 모습을 볼 수 있고, 나를 좋아할 건지, 존중할 건지, 존경할 건지 결정을 내릴 수 있다. 가면을 내려놓는 단계는 쉽지 않다. 모든 가면을 한꺼번에 태우라고 권하지는 않겠다. 중요하고 안전하다고 느끼는 사람 앞에서 조금씩 가면을 벗고 가까이 다가가보자.

　가끔 어머니로 사는 게 버거울 때가 있다는 걸 인정하고, 어떤 일이 일어나는지 보자. 정시에 퇴근할 거라고 말하고, 어떤 일이 일어나는지 보자.

　장래에 어떤 직업을 가지고 싶은지 탐색해보고 부모님과 상의해보자. 그리고 어떤 일이 일어나는지 지켜보자.

　가면을 버리고 나니 가장 친한 친구가 생겼다. 직장 동료에게 처음으로 입출금 명세서를 보는 게 두렵다고 고백하자, 동료는 이렇게 말했다.

"맙소사, 고마워요! 나만 그랬던 게 아니네요?" 이렇게 우정이 시작됐다.

요가 선생님에게도 삶이 너무 버겁다고 말했을 때, 요가 선생님은 "휴, 당신도 완벽하지 않다는 거군요. 정말 안심이 되네요!"라고 답했다. 그때부터 우린 친구가 됐다.

고등학교 절친과 싸운 후에 "별것도 아닌 걸로 싸웠네"라고 말하자 우정은 더 깊어졌다.

독자에게도 한번 해보길 권하고 싶다. 나를 정말로 좋아하는 사람들은 그 자리에 머물 것이다. 겉모습과 가면만 보고 좋아했던 사람이 떠나간다 해도 그게 정말 사람 한 명을 잃은 거라 볼 수 있을까?

내 자리에 서 있을 때 삶이 나다워진다

마지막으로 주의할 점은 나의 변화를 사람들이 싫어할 수도 있다는 점이다. 심리학자와 코치들은 이를 '체인지 백 공격^{Change-Back Attack, 주변 사람들이 새롭게 변한 모습을 탐탁지 않게 생각하여 예전에 모습으로 돌아오라고 압박하는 행위}'이라고 부른다.

미국의 유명한 라이프코치이자 오프라 윈프리 잡지의 칼럼니스트인 마사 벡^{Martha Beck}은 이 현상을 퍼즐에 빗대어 설명한다. 모든 조각은 자기만의 자리가 있고, 조각들이 맞춰질 때만 아름다운 그림이 된다. 만약 내가 퍼즐 조각 중 하나이고 나의 어떤

돈의 감정

면을 바꾸고 싶다면, 새로운 환경에 자신을 맞춰야 한다. 그런데 이러한 변화를 좋아하지 않는 사람이 있을 수도 있다. 일반적으로 자신의 삶에서 특별히 바꾸고 싶은 게 없기 때문이다.

예를 들어, 처음 다이어트에 성공했을 때, 축하해 주는 사람도 있지만 계속 체중을 감량하면 할머니는 "우리 손주 뼈밖에 없네."라며 케이크 한 조각을 더 먹으라고 건넨다. 아니면 "내 음식이 이제는 입맛에 안 맞는 거니?"라고 물으며 더 큰 압박을 준다. 가족 중 항상 '뚱뚱한 사람'이었던 내가 뚱뚱하지 않으면 어떤 사람이 되는 걸까? 새로운 상황을 어떻게 대해야 하는 걸까? 내가 살을 빼면 가족의 식습관을 비판하게 되는 건가? 이제 그럼 누가 '뚱뚱한 사람' 역할을 해야 하는 걸까?

다른 예를 들어보겠다. 당신은 돈을 잘 쓰는 사람이다. 수입보다 지출이 많아질 때까지 돈을 펑펑 쓰며 재미있게 지냈다. 그러던 어느 날 허리띠를 조이기 시작했다. 처음에 배우자는 당신을 존경했다. 통장에 돈이 거의 남지 않았다고 불평하는 소리는 뚝 그쳤고, 잔액은 계속해서 늘어났다. 재정적인 안정을 중요하게 생각했더니 돈 쓸 일이 생겼을 때 종종 '안 돼'라고 말하게 되었고, 흥을 깨는 사람이 되어버렸다. 이제 당신은 모든 일을 함께하는 재밌는 사람도, 돈을 대는 통이 큰 사람도 아니다.

그러한 '체인지 백 공격'에 대한 첫 번째 반응은 죄책감이다. 계속 변화를 추구하면 더는 사랑받지 못할까 봐 종종 두려워진다. 익숙해진 삶과 항상 곁에 있던 사람들이 사라질까 봐 불안해져서 모든 노력이 물거품이 되는 위험을 감수하면서까지 기존의 행동 패턴으로 돌아간다(기존의 '안전지대'로 온 걸 환영한다. 아니 '불편 지대'가 더 적절한 표현이겠다.)

하지만 다른 사람들은 악의를 가지고 이런 말을 하는 게 아니다. 상대방이 변해서 자신의 삶도 변할까 봐 두려워할 뿐이다. 더는 사랑받지 못할까 봐, 익숙한 사람을 잃을까 봐 두려운 감정을 그들도 똑같이 느낀다.

이러한 상황에선 방어하지 말고 '공격자'의 말에 귀 기울여 보라. 그런 다음 공격자의 피드백에 대해 진심으로 생각해 보자. 일말의 진실이 담겨 있을지도 모른다. 돈을 절약하는 게 아니라, 짠돌이가 되어 돈 쓰는 즐거움을 잃어버린 것일 수도 있다. 생활 방식을 바꾸려고 끊임없이 노력하고 있다면, 방법을 조금 수정하자.

체인지 백 공격을 하는 상대방이 당신의 말에 귀를 기울일 의사가 있다면, 무언가를 변화시키고 싶은 욕구에 대해 또렷하게 말하라. 입출금 명세서를 보는 게 두렵다든지, 거울 속의 내 모습이 싫다든지, 현재 상황에 관해 설명하라. 상대방이 당신을 잘 이해할수록 상대방도 당신의 변화에 쉽게 대처할 수 있다. 그리고 누군가에게 당신은 삶을 변화시키는 롤 모델이 되어 영감과 차일피일 미뤄왔던 일을 할 용기와 영감을 줄 수 있다.

돈의 감정

나와 타인의 에너지를 이해하기

세상의 만물은 에너지로 이루어져 있다

4장 '사랑'에서 사랑과 돈은 하나의 에너지에 불과하다는 사실을 살펴보았다. 온 세상은 에너지로 이루어져 있다. 지금 내가 앉아서 이 책을 쓰고 있는 책상도 에너지를 담은 작은 분자들로 구성되어 있다. 이러한 분자들이 매우 빠르게 진동함으로써 고체의 형태를 만든다. 연인이나 가족 관계도 마찬가지다. 분자 하나하나가 각각 다른 에너지를 담고 있듯이 가족 구성원 모두 자신만의 에너지를 가지고 있다. 구성원 각각의 에너지를 알아야 연인 및 가족과 가까워질 수 있다.

엘렌은 임신 7개월 차에 나를 찾았다. 엘렌은 성공적인 비즈니스 우먼이었다. 전 세계를 무대로 누비다 지금은 고요한 삶을 살면서 어머니가 되고자 하는 두 번째 꿈을 이루는 과정에 있다. 엘렌과 남편은 아이가 태어나면 2~3년 동안은 엘렌이 집에서 아기를 보기로 했다. 엘렌이 혼자 집에서 쓸쓸하지 않도록 남편이 재택근무를 자주 했다. 사실 모든 건 완벽해 보였다.

그러나 '사실'이라는 단어에서 뭔가 잘못되었다는 걸 알 수 있었다. 엘렌은 자신의 꿈을 이루고 있었지만, 수입이 전혀 없었다. 엘렌의 눈에 남편만 돈을 벌고 자신은 돈을 벌지 못하는 것처럼 보였다. 엘렌이 쓰는 돈은 곧 남편의 돈이었다. 남편의 월급으로 살아야 해서 뭘 더 요구할 수도 없었고, 아무 말도 하면 안 될 것처럼 느껴졌다. 완전히 남편에게 의존하게 될 거라고 생각했다. 수년간 돈을 벌었는데 갑자기 수입이 낳기니 마음이 불편했다. 이는 엘렌만의 문제가 아니다. '일을 그만둔 사람은 더이상 돈을 벌 수 없다'는 건 자명한 사실이다.

각자의 에너지를 알아야 인생이 편안해진다

나는 이 문장을 분리해서 살펴보려 한다.

'일을 그만둔 사람…' 위 경우처럼, 아이가 생겨서 일을 그만두는 걸 정말 자신의 의지로 일을 그만둔 거라 볼 수 있을까? 집에만 있다고 정말 일이 없는 거라 할 수 있을까?

'…더 이상 돈을 벌 수 없다.' 이 문장에서 '벌다'라는 단어부터 모호하다!

엘렌의 예를 들어보자. 엘렌은 월급을 받지 않을 뿐이다. 회사로부터 월급을 받지 않는다고 해서 돈을 벌지 않는 것일까?

돈의 감정

다른 모든 관계처럼, 가족은 여러 에너지로 구성되어 있다. 아이를 기르고 보살피며 보호하는 부모의 에너지, 부모의 보살핌을 받아야 하는 아이의 에너지, 사랑을 주고받는 에너지, 그리고 가정을 꾸리는 데 필요한 돈의 에너지…. 앞서 열거한 에너지의 종류에서 알 수 있듯이, 돈의 에너지는 가족을 유지하는 데 필요한 에너지의 일부일 뿐이다. 다른 형태의 에너지보다 더 중요하지도, 덜 중요하지도 않다.

엘렌뿐만 아니라 다른 많은 여성도 비슷한 이야기를 한다. "남편이 없었으면 집에서 아이를 돌보지 못할 거예요." 하지만 남자도 마찬가지다. "아내가 없었으면 일을 할 수도, 아버지 노릇을 할 수도 없었을 거예요." 부부 관계에서 남자와 여자 모두 각각의 임무를 수행한다. 가족은 각각의 에너지가 결합할 때만 기능할 수 있다. 돈의 에너지는 자녀를 보살피는 에너지보다 더 중요하지 않다. 자녀를 보호하는 에너지는 즐거움의 에너지보다 더 중요하지 않다. 가족을 구성하는 에너지 중 뭐가 더 중요하고 덜 중요하다고 말할 수 없다.

흥미로운 점은 대부분의 남편은 아내처럼 생각하지 않는다는 사실이다. '자신'이 벌어오는 돈은 당연히 온 가족을 위한 돈이다. 만약 남편이 벌어오는 돈이 자신의 돈이 아니라는 생각이 든다면, 남편과 함께 이야기를 나누어보자. 남편이 말도 안 되는 이야기라 치부하고 어물쩍 넘어가려고 할 수도 있다. 아내의 생각을 폄하하려는 의도가 아니라, 정말 마음에 와닿지 않기 때문에 그런 것이다. 그러니 이제 남편이 벌어오는 돈은 내 돈이 아니라는 생각을 지워버려도 괜찮다.

생각을 바꾸는 데 어려움을 겪는 독자들을 위해서 이 책의 마지막 장에서는 '부부를 위한 통장 모델'이라는 주제로 몇 가지 조언을 하고자 한다. 이 책의 조언을 따르면 분명 문제를 빠르게 해결할 수 있을 것이다.

일상 속 감정 척도를 알아보기

기분 따라 돈을 대해 손해 보지 않도록

가족 이야기에서 빠질 수 없는 건 바로 집안일이다. 우리 모두에겐 좋아하는 집안일과 피하고 싶은 집안일이 있다. 가족 구성원과 집안일을 나누어 내가 좋아하는 일만 하는 게 가장 이상적이지만, 현실에서 그런 경우는 거의 없다. 직장, 아이들, 애완동물만이 할 일 목록에 적혀 있는 건 아니다. 매일 신경 써야 할 일은 무궁무진하게 많다.

그러므로 나 자신과 친해져서 어떤 활동을 할 때 무슨 느낌이 드는지 살펴보는 걸 추천한다. 감정 척도를 통해 나의 감정을 살펴보면 삶을 개선할 수 있다. 현재 재정 상태는 상관없다.

일상에서도 감정 척도를 사용해 보자. 감정 척도는 언뜻 사소한 일처럼 보여도 효과적이고, 실생활의 모든 영역에서 활용할 수 있다. 감정 척도는 다이어트 코치에게 영감을 받아 만들었다.

일반적으로 화가 나면 매운 음식을 찾고, 우울하거나 슬플 때 달콤한 음식을 찾는 경향이 있다. 이는 특정한 감정을 상쇄하기 위한 보상심리로 음식을 먹게 되는 것이다. 다이어트 코치는 궁극적으로 이런 부정적인 감정을 제어하지 못해 사람들이 다이어트에 매번 실패한다고 주장한다. 부정적인 감정을 점진적으로 없앤다면 체중을 자연스럽게 줄일 수 있다. 이를 참고로 감정 또한 세심히 살펴본다면 기분에 따라 돈을 함부로 대하지 않고 현명하게 수입과 지출을 관리할 수 있다.

할 일 목록에 감정 척도를 적는 작업은 니와 나를 찾아왔던 수많은 사람들에게 큰 도움이 되었다. 따라서 독자 여러분에게도 이 방법을 소개하고 싶다. 꼭 실천해 보라.

마음이 불편한 일은 이제 그만!

저녁에 책상 앞에 앉아 다음 날 할 일을 적는 걸 추천한다. 할 일 목록을 살펴본 후, 감정의 유형에 따라 분류하고 평가해 보자. 각각의 일은 어떻게 느껴지는가?

내 목록은 다음과 같다.

집 청소: -8
온라인 사진 강좌 듣기: +8

돈의 감정

워크숍 준비하기:	-6~+8
강아지 산책:	-3일 때도 +6일 때도 있다.
슈퍼마켓에서 장보기:	-2
코칭 하기:	+8

앞서 살펴본 지출 감정 척도와 마찬가지로, 무슨 일을 부정적으로 평가했는지 살펴보자. 그리고 그 일을 생략하거나, 바꾸거나 아니면 개선할 수 있는지 확인해 보자.

예: 집 청소

집 청소의 범위는 너무 넓다. 내가 전혀 좋아하지 않는 일도 있고 즐기는 일도 있기에, 다시 분류해 보겠다.

- 청소기 돌리기와 걸레질:	-8
- 화장실 청소:	-5
- 침대 커버 갈기:	+4
- 빨래:	+2

여기서 부정적인 감정이 드는 일은 두 가지, 즉 청소기 돌리기와 걸레질, 그리고 화장실 청소다. 청소기를 그만 돌리고 걸레질을 안 하면 안 될까? 안타깝게도 그럴 수 없다. 그러나 청소기

를 돌리는 걸 좋아하고 화장실 청소를 나보다 더 싫어하는 배우자가 청소기 돌리기와 걸레질을 맡고, 배우자가 싫어하는 일을 내가 할 수도 있다. 안타깝게도 화장실 청소는 생략할 수 없다. 그리고 배우자와 할 일을 교환하는 것도 불가능하다.

개선하는 거 말고는 다른 선택지가 없다. 청소하면서 좋아하는 오디오북을 들으면 감정 척도를 +7로 올릴 수 있다. 오디오북이 너무 재미있는 나머지 더 들으려고 더 꼼꼼하게 청소할 때도 있다.

또, 침대 커버를 더 즐겁게 갈려고 강아지와의 놀이를 고안했다. 빨아야 할 침대 커버 뒤에 숨어서 강아지와 숨바꼭질 놀이를 하다가, 강아지가 침대 커버를 물고 다용도실로 가져가도록 유도한다. 재밌어하는 강아지를 보니 뿌듯하다. 이제 빨래에 대해서는 아무런 생각이 들지 않거나 긍정적인 감정이 든다. 침대 커버를 세탁기에 넣어 돌리는 것 빼고는 할 일이 별로 없다. 빨래를 할 때 오디오북을 들으면서 5분 정도 생각을 비우는데, 마음이 편안해진다.

예: 워크숍

워크숍에 대해서는 상충하는 감정이 든다. 워크숍을 여는 걸 좋아하기 때문에 워크숍이 다가오면 항상 기분이 좋다. 그래서 워크숍을 준비하는 건 +8이다. 하지만 워크숍에 필요한 행정 절차는 가끔 지나칠 정도로 많다. 기술적인 부분이 많은데, 컴퓨터에는 영 소질이 없다.

그럼 어떻게 해야 할까?

위 예시처럼 워크숍을 준비하는 데 필요한 작업을 나열하고, 개별적으로 평가한다. 나는 '포럼 게시판 만들기'와 '참가자에게 프로그램 접속 방법 보내기'에 -6점을 줬다. 이 두 가지를 생략할 수 있을까? 그럴 수 없다. 이 일을 하지 않으면 참가자는 워크숍에 참여할 수 없다. 바꿀 수 있을까? 그렇다. 이 작업을 다른 사람에게 돈을 주고 맡길 수 있다. 다시 말해 온라인 비서를 찾아서 일 처리를 맡기고 비용을 내면 된다. 개선할 수 있을까? 당연하다. 새로운 개인정보 보호법 덕분에 어느 정도까지는 등록 과정을 자동화할 수 있다. 이 방법은 태도를 바꾼다. 모든 일을 일일이 손으로 해야 한다고 답답해하기보다는 작업을 마쳤을 때, 워크숍이 끝났을 때의 기쁨에 집중한다.

예: 강아지 산책시키기

나는 키우는 강아지를 사랑한다. 16년이나 함께한 강아지라, 강아지가 없는 삶은 상상할 수조차 없다. 이는 즉 매일, 그러니까 산책을 시키기 귀찮은 날에도 강아지를 산책시켜야 한다는 뜻이기도 하다. 강아지에게 미안하지만 16년 동안 산책을 시키고 싶지 않은 날이 수도 없이 있었다.

어떻게 하면 될까?

- 생략하기: 강아지 산책을 하지 않아도 되는 일주일을 나에게 선물했다. 나가고 싶지 않은 날은 나가지 않아도 됐다. 산책 대신 집에서 강아지와 놀거나 안아주었다.
- 교환하기: 정말 버거울 때면 개 산책 서비스를 예약했다. 어쩌면 옆집 아이나 친척이 강아지와 산책하고 싶을지도 모른다.
- 개선하기: 강아지를 데리고 공원에 가서 단거리 달리기나 근력 운동을 한다. 운동을 하면 체력을 기르기 위해 노력했다는 느낌이 든다. 일주일에 한두 번은 매일 산책하던 길을 벗어나 카페에 가서 15분간 커피를 마시거나 로제 와인 한 잔을 마시면서 쉰다.

예: 슈퍼마켓에서 장보기

가끔 신선한 물건을 장바구니에 넣으면 기분이 좋지만, 늦게까지 일을 하거나 아플 때 장을 보는 것만큼 귀찮은 일이 없다. 뭘 먹을지 그날그날 자연스럽게 결정하는 사람이라 거의 매일 장을 보러 간다. 장을 보러 가서 기분이 좋을 때도 있지만, 시간이 부족할 때는 짜증만 날 뿐이다. 코로나19의 이점도 있었다. 코로나19의 확산세를 저지하기 위해 내린 통행금지령 덕분에

돈의 감정

집에 식료품을 비축하는 방법을 배웠다.

- 생략하기: 먹고 싶은 게 있으므로 장보기를 생략하는 건 불가능하다.
- 교환하기: 다른 가족이 장 보는 걸 더 좋아한다면 안 될 것도 없다. 돌아가면서 장을 볼 수도 있다.
- 개선하기: 많은 점을 개선할 수 있다. 슈퍼마켓 대신 시장에 갈 수 있다. 신선한 공기를 마시는 것은 물론, 더 챙겨준다는 느낌을 받으며 짧은 수다를 떨 수도 있다. 일주일에 한 번만 장을 보러 가도 되게 미리 계획을 짤 수 있다. 신선한 재료를 배송해 주는 밀키트를 주문할 수도 있다. 밀키트를 요리하면서 새로운 요리법을 배울 수도 있으니 꿩을 먹고 알 먹는 셈이다. 장도 보고 싶지 않고 요리도 하고 싶지 않다면, 음식을 배달시키면 된다. 일주일에 한 번, 이 주일에 한 번, 또는 한 달에 한 번씩 음식을 배달시킬 수 있다.

감정 척도를 바탕으로 다음 며칠간의 계획을 세웠다면, 빈도가 적은 일부터 시작해 보자. 이번 주 또는 이번 달에 해야 할 일은 무엇인가? 온 가족이 함께하면 더 즐거운 연습이다. 일간, 주간 또는 월간 할 일 목록을 작성하고 감정 척도에 따라 평가

해보자. 그런 다음, 생략할 수 있는 것은 무엇인지, 누구와 어떤 일을 교환할 수 있는지, 어떤 일을 돌아가면서 할 수 있는지, 어떻게 하면 간단하게 만들고 개선할 수 있는지 살펴보자. 이는 또한 각자가 해야 하는 일에 관한 이해를 증진시켜 가족의 단합을 이끌어 낸다.

정말 용기 있는 사람은 마지막 단계로 바로 넘어가자. 거듭 말하지만, 해야 할 일 중에는 일 하기 쉽고 재미있는 일과 전혀 하고 싶지 않은 일이 있다. 하지만 다른 가족 구성원은 내가 하기 싫어하는 일을 즐길지도 모른다. 그리고 어떤 일을 생략하거나 바꿀 수 없다면, 아침에 일어나자마자 하는 게 더 나을 수도 있다. 가장 하기 싫은 일을 아침 일찍 해결해 버리면 다른 일에 더 많은 에너지를 쓸 수 있기 때문이다.

돈의 감정

연습해 보기: 감정 가계부 할 일 목록

할 일	그만두기	교환하기	개선하기

-10 -9 -8 -7 -6 -5 -4 -3 -2 -1 0 1 2 3 4 5 6 7 8 9 10

할 일	그만두기	교환하기	개선하기

-10 -9 -8 -7 -6 -5 -4 -3 -2 -1 0 1 2 3 4 5 6 7 8 9 10

할 일	그만두기	교환하기	개선하기

-10 -9 -8 -7 -6 -5 -4 -3 -2 -1 0 1 2 3 4 5 6 7 8 9 10

할 일	그만두기	교환하기	개선하기

-10 -9 -8 -7 -6 -5 -4 -3 -2 -1 0 1 2 3 4 5 6 7 8 9 10

할 일	그만두기	교환하기	개선하기

-10 -9 -8 -7 -6 -5 -4 -3 -2 -1 0 1 2 3 4 5 6 7 8 9 10

할 일	그만두기	교환하기	개선하기

-10 -9 -8 -7 -6 -5 -4 -3 -2 -1 0 1 2 3 4 5 6 7 8 9 10

할 일	그만두기	교환하기	개선하기

-10 -9 -8 -7 -6 -5 -4 -3 -2 -1 0 1 2 3 4 5 6 7 8 9 10

할 일	그만두기	교환하기	개선하기

-10 -9 -8 -7 -6 -5 -4 -3 -2 -1 0 1 2 3 4 5 6 7 8 9 10

7장

[실험 정신]
삶의 즐거움을
발견하는 과정

루틴에서 벗어나라

실험은 실패할 수 없는 시도

좋은 관계를 지탱하는 마지막 기둥이자, '연결하기^{RELATE}'의
마지막 글자에 해당하는 건 바로 실험 정신이다. 실험은 삶에
즐거움을 가져다준다.

매주 금요일마다 연인과 피자를 먹고, 일요일에는 함께 동물
농장을 보고, 수요일에는 한 시간 동안 알콩달콩한 시간을 보내
자는 약속을 잡으면 관계는 급속도로 단조로워질 가능성이 크
다. 특정한 루틴을 따르면 안정감을 얻을 수 있지만, 새로운 체
험과 경험을 해보려면 종종 루틴에서 벗어나려는 노력이 필요
하다. 루틴을 벗어나면 삶이 풍요로워지고, 동시에 나 자신과 상
대방을 더 잘 알게 된다.

나는 새로운 체험과 경험을 하는 걸 실험이라고 부른다. 실험
의 사전적 정의는 '경험적인 사실을 조직적으로 수집하여 가설

돈의 감정

을 검증하는 것'이다. 내 언어로 풀어쓰자면, '실험은 실패할 수 없는 시도'가 된다.

실험은 마음에 들거나 마음에 들지 않는 결과를 가져올 뿐이다. 그게 전부다. 우리는 실패나 실수를 두려워해서 새로운 것을 시도하거나 시작할 마음조차 먹지 못하는 경우가 많다. 이는 무언가를 시작하면 끝을 봐야 한다고 사회적으로 학습된 결과다.

이론은 그럴싸하게 들리지만 실제로는 끝까지 끌고 갔다가 흡족하지 않은 결과물이 나온 경우도 많다. 생각했던 것보다 나와 잘 맞지 않다는 걸 깨닫는 때도 있다. 하지만 중간에 포기하면 나 자신이 유약하다는 걸 보여주는 꼴이라 대부분은 포기하려고 하지 않는다. 이런 방식으로 삶을 살아간다면, 새로운 걸 알아갈 기회를 자주 놓칠뿐더러, 잘못된 길로 계속 갈지도 모른다.

그래서 익숙한 삶으로부터의 일탈을 어떤 일이 일어날지 모르는 '실험'으로 간주해 보라고 조언하고 싶다. 앞서 말했듯이 실험은 실패할 수 없다. 실험의 결과가 마음에 들면 새로운 방법을 고수하고, 그렇지 않으면 다른 방법을 시도해 보면 된다.

더 이상의 실패는 없다

몇 년 전, 전남편과 빈티지 메르세데스 벤츠 1968 모델을 운전하고 가다가, 함부르크에서 빈티지 자동차 랠리의 시작을 보왔다. 계획에는 없었지만, 충동적으로 말했다.

"우리도 해보자."

몇 달 전에 참가 신청을 해야 하는 건지도 모른 채, 혹시 참여할 수 없냐고 주최 측에 물어봤다. 운이 좋았다. 한 팀이 참가 신청만 해놓고 오지 않아서 그 팀의 자리에서 출발할 수 있었다.

진정한 실험 정신이 돋보인 날이었다. 한 번도 랠리에서 운전해 본 적이 없었고, 랠리에 동승자가 어떤 역할을 해야 하는지도 몰랐다. 즐거움이 넘치는 시간이었다. 그 후 수년간 우리는 여러 번 랠리에 참여했다. 전남편과 나는 완벽한 팀이라는 걸 깨달았고, 차고는 곧 트로피로 채워졌다.

자동차 랠리는 부부관계를 새로운 차원으로 이끌었을 뿐만 아니라 직업적으로도 새로운 길을 열어주었다. 랠리 참가비가 매우 비싸서 모터스포츠 신문에 글을 기고하고 사진을 실었다. 물론, 전남편이 기자여서 그렇게 할 수 있었지만, 우리 중 누구도 모터스포츠 분야에서는 일해 본 적이 없었다. 얼마 지나지 않아 모터스포츠 기자 일로 올린 수입이 총수입에서 상당한 비중을 차지하게 되었다. 게다가 사진을 너무 잘 찍어서, 유럽에서 열리는 세계 랠리 선수권 대회에 사진작가로 참가해달라는 부탁을 받기까지 했다.

나는 전남편에게 사진 찍는 법을 배웠고, 케냐와 탄자니아를 가로지르는 동아프리카 사파리 랠리에 함께 사진작가로 참가했다. 토요일 아침 함부르크에서 작은 실험을 했기 때문에 일어난 일이었다!

나를 알아가는 과정은 끝이 없다

나 자신과의 관계에서도 쉬지 않고 실험을 해봐야 한다. 그렇다고 스카이다이빙을 하거나, 빙하 슬로프에서 스노보드를 탈 필요는 없다. 사소한 일의 새로운 면을 가끔 발견하는 것만으로도 충분하다.

최근 몇 년 동안 해본 실험들은 다음과 같다.

* **실험 1:** 언제나 빨간 립스틱을 바른 여자가 멋지다고 생각했지만 직접 발라본 적은 없었다. 어느 날 화장품 가게의 진열대에 있는 빨간 립스틱을 발라보았다. 가게에서 나오자마자 모두가 나를 쳐다보는 느낌이 들었고, 재빠르게 립스틱을 휴지로 닦아냈다. 그러나 계속 빨간 립스틱에 마음이 끌렸다. 며칠 후, 빨간 립스틱을 사서 집에서만 발라보았다. 빨간 립스틱을 바르고 나를 아는 사람이 없는 슈퍼마켓에 가는 걸 시작으로, 친구들과 모임에 빨간 립스틱을 바르고 나갔다. 사업 미팅이 있을 때도 빨간 립스틱을 발랐다. 지금은 톤이 다른 빨간 립스틱을 여러 개 가지고 있다. 머리가 엉망일 때 빨간 립스틱을 바르면 얼굴이 환해

보인다. 그게 바로 내가 바라던 효과였다.

- **실험 2:** 여성스러운 게 좋다. 중성적으로 생기지는 않았지만, 직설적이고 성격이 너무 쿨해서 사람들이 위협적으로 느낄 때가 있다. 예전에는 그런 내가 좋았지만, 이제는 좀 더 부드러워지고 싶다. 그래서 2017년 봄, 한 달간 치마와 원피스만 입기로 했다. 옷장에는 많은 치마와 원피스가 있었지만, 실제로 입고 다닌 옷은 몇 벌 안 됐다. 그달은 정말 멋졌다. 새로운 방법으로 옷을 코디하는 법을 알게 되었을 뿐만 아니라(반 스타킹에 부츠를 신으면 정말 예쁘다), 치마와 원피스가 얼마나 편안하고 몸을 조이지 않는지도 깨달았다. 한 달간 치마 입기를 즉흥적으로 두 달 더 연장했고, 세 번째 실험을 하는 동안은 원피스만 입기로 마음먹었다.

- **실험 3:** 세 번째 실험은 아마 내 인생에서 지금까지 한 실험 중 가장 큰 실험이었을 것이다. 적어도 10년 동안, 매일 해가 뜨는 곳에서 두 달간 살기를 꿈꿨다. 함부르크의 여름은 너무 짧다. 2016년 말, 소원을 실천해 보기로 했다. 740만 원이 모일 때까지 워크숍으로 번 돈을 그대로 저금하기로 했다. 기억나는가? 목표에 도달하기 위해서는 목표를 수치화해야 한다. '연습해 보기'에서 이 부분을 더 자세

돈의 감정

히 살펴볼 것이다. 740만 원은 두 달간 강아지들을 데리고 스페인에 가서 살기에 충분한 돈이었다.

2017년 8월 말, 혼자 강아지들을 데리고 독일과 프랑스를 거쳐 스페인 코스타 블랑카로 2,200㎞를 운전해 갔다. 카나리아 제도를 제외하고는 스페인에 한 번도 가본 적이 없었다. 스페인에서는 혈혈단신의 몸이었다. 집도 실제로 안 보고 사진만 보고 골랐다. 나흘간의 운전 끝에 코스타 블랑카에 도착했을 때, 집주인 아주머니는 강아지를 탐탁지 않아 하는 것처럼 보였다. 어쨌든 두 달 동안 스페인에 머물고 싶었다. 이 글을 쓰는 2020년 5월에도 나는 스페인에 있다. 스페인에 오는 건 하나의 실험에 불과했으므로 아무런 기대 없이 코스타 블랑카에 왔다. 마음에 들지 않으면 언제든 차를 타고 독일로 돌아갈 수 있었다.

그런 일은 일어나지 않았다. 내가 무엇을 찾고 있는지 몰랐지만, 원하던 모든 것을 스페인에서 찾았다. 아무도 나를 모르는 곳에서 오롯이 혼자 지내는 것. 누군가의 아내나 딸, 여동생이 아니었고, 번역가가 아니었으며, 코치도, 반려견 트레이너도 아니었다. 투덜거리며 항상 규칙을 세우는 사람도 아니었다. 내가 되고 싶었던 존재가 될 수 있었다. 독일에서는 꿈만 꿔왔던 일을 스페인에서 과감하게 실천해 보기로 했다. 온라인 강좌를 열고, 책을 쓰고, 춤을 배웠다. 적어도 당분간은 모임에서 불쾌한 침묵을 깨고, 지적 매력과 말재주가 넘쳤던 사람과는 작별 인사를 해야 했다. 왜냐하면 지금까지도 스페인어가 서툴기 때문이다. 이런 과정을 거치며 만들어진 나의 새로운 모습이 마음에 쏙 들었다.

혼자, 나 자신을 위해, 또는 파트너, 친구 또는 가족과 함께 어떤 실험을 해보고 싶은가? 최악의 상황이 두려워서 지금까지 시도해 보지 못한 것은 무엇인가? 무슨 일이 일어날지 호기심을 가지고 실험을 하면 어떤 생각의 변화가 일어날까?

생각의 선순환, 기어 모델

생각 바꾸기

돈과의 관계를 다루는 이 책을 읽다 보면, 자연스레 '돈을 가지고 어떻게 실험하라는 거지?'라는 의문점이 들기 마련이다.

카지노에 가서 수중에 가진 돈 전부를 베팅하는 건 당연히 아니다. 이 장을 마치기 전, 함께 원하는 대로 이루어지는 정신적인 실험을 해볼 것이다. 정신적인 실험 말고도 실제 돈을 가지고 실험을 해볼 수도 있다.

내가 좋아하는 실험을 몇 가지 소개하겠다. 앞에서 해석이나 신념을 더 나은 방향으로 바꾸는 것에 관해 이야기했다. 그런데 정확히 어떻게 하면, 해석이나 신념을 긍정적으로 바꿀 수 있을까?

나는 두 가지 도구를 사용한다. 그중 하나는 기어 모델GEAR MODEL로, 셀프 코칭에서 유래한 이 모델은 우리의 생각과 감정이 서로 어떻게 연관되어 있고, 각 행동의 의미가 무엇인지를 매우 간단하게 설명한다.

기어 모델

도식으로 보면 다음과 같다.

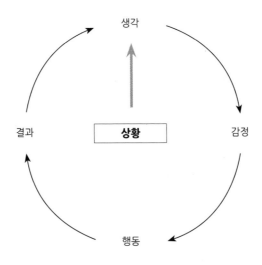

아무리 열심히 노력해도 세상을 통제할 수는 없다. 세상에서 일어나는 일에 어떻게 반응할지를 통제할 수 있을 뿐이다. 외부의 사건이나 상황 자체가 감정에 영향을 미치는 게 아니다. 감정과 경험을 결정하는 건 바로 상황에 관한 생각이다. 무슨 생각을 하는지 인지하고 생각을 의식적으로 선택함으로써 더 좋은 감정을 느낄 수 있다.

기어 모델에서 **상황**은 정중앙에 있다. **상황**이란 곧 삶에서 일어나는 사건이다. 어떤 상황이 발생하면 처음에는 아무 생각이 들지 않더라도 조만간 그 상황에 관한 의견과 관점이 생긴다.

생각이란 머릿속에서 일어나는 일로, 기어 모델의 출발점이다.

감정은 몸에서 일어나는 진동이다. 외부의 상황이 아니라. 생각이 감정을 불러일으킨다.

행동은 행위이자 태도다. 느끼는 감정에 따라 행동도 달라진다. 사랑에 빠졌을 때 하는 행동과 막 이별했을 때 하는 행동은 다르다. 슬플 때 하는 행동과 행복할 때 하는 행동은 다르다.

마지막으로 **결과**란 행동의 결과를 일컫는다. 언제나 행동을 보면 어떤 생각에서 그 행동이 나온 것인지 알 수 있다.

생각과 감정, 그리고 생각과 감정으로부터 나오는 행동과 결과 간의 연관성을 대부분은 잘 알지 못한다. 생각과 감정을 분리하는 것은 어렵다. 내담자에게 "이 상황에서 어떤 생각이 들었나요?"라고 물으면, 십중팔구 "마치 ~처럼 느껴졌어요."라는 대답이 돌아온다.

그러나 생각이 감정, 나아가 행동을 결정하는 걸 이해하면 생각을 바꿀 수 있고, 행동과 결과를 변화시켜 궁극적으로 삶을 변화시킬 수 있다. 한 가지 예를 들겠다.

상황: 통장에 돈이 얼마나 남았는지 본다.

생각: 역시 난 돈 관리를 할 줄 모른다.

감정: 그런 생각을 하면 기분이 어떤가? 몸에 무슨 일이 일어나는가? 내 안에서 어떤 감정이 드는가?

'목이 조여오고 손에 땀이 난다. 나약하고 멍청하고 소심하게 느껴진다.'

행동: 그렇게 느낄 때 어떻게 행동하는가? 태도는 어떤가?

a) 쇼핑을 해서 주의를 다른 데로 돌린다.

b) 입출금 명세서를 보지 않는다.

c) 돈에 대해 그만 생각한다.

결과: 행동의 결과는 무엇인가? 인생에서 어떤 일이 일어날까?

a) 예전보다 돈이 없다.

b + c) 통장에 얼마가 남아 있는지 전혀 모른다.

이렇게 돈 관리를 못 한다는 사실을 확인했다.

만약 결과가 마음에 들지 않는다면 '통장에 돈이 얼마나 남았는지 본다.'라는 상황에 관한 생각을 바꿔야 한다. 생각을 바꾸면 다른 감정이 일어나고, 궁극적으로 결과도 달라진다. 처음에는 모든 게 어색하고 어렵지만 몇 번만 연습해 보면 거의 자동으로 생각을 바꿀 수 있게 된다.

의지로 생각을 바꿀 수 없는 경우도 있다. '역시 난 돈 관리를 할 줄 모른다.'에서 단번에 '내가 바로 돈 관리의 여왕이다.'에 이르려 한다면, 나 자신의 능력을 믿지 않기 때문에 안타깝게도 실패할 수밖에 없다. 새로운 생각을 떠올리면서 지나치게 말도 안 되는 소리가 아닌가 당황스러울지라도, 그 당황스러움만 극복하면 다음 단계로 나아갈 수 있다.

생각에 더 다가가기

기어 모델을 사용해서 다음 단계에 한 발짝 더 다가가 보자. 나는 기어 모델을 반려견 훈련에 비유하고 싶다. 최종 목표를 달성하기 쉬운 작은 목표로 나눈 후, 작은 목표를 달성했을 때마다 나 자신에게 상을 주자.

다시 위의 예시로 돌아가 보자. 어떤 새로운 생각을 할 수 있을까?

상황: 통장에 돈이 얼마나 남았는지 본다.
생각: 돈 관리를 더 잘했으면 좋겠다.
감정: 돈 관리에 소질이 없다는 사실이 슬프고 답답하다.
새로운 생각: '그렇다고 내가 멍청한 건 아니다.'
　　아마 반발심리가 발동할 수도 있다. 하지만 반발심리는

행동에 박차를 가하기 때문에 긍정적이다. 앞서 말했듯이, 기어 모델은 과정을 매우 단순화하고 개략적으로 나타낸다. 하지만 생각이 감정을 불러일으키고, 감정이 또 다른 생각을 불러일으키고, 다른 생각이 또 다른 감정을 불러일으켜 행동으로 이어질 때도 있다.

행동: 코치를 찾는다. 돈에 더 관심을 기울이기 시작한다. 저축 목표를 설정한다. 돈 관리법에 관한 책을 읽는다.

결과: 멍청하지 않고 돈 관리를 잘하고 싶은 마음이 있다는 걸 나 자신에게 증명했다.

내담자들은 기어 모델의 효과가 아주 좋고, 무의식적으로 기어 모델을 활용하는 자신을 발견했다고 말한다. 생각이 바뀌었고, "더 이상 이런 식으로 돈을 관리할 수 없어. 뭔가를 해야겠어."라는 결론을 내렸다.

관점을 바꿨을 뿐인데

돈과 사랑이 넘치는 관계로

이 책을 쓰고 있을 때, 일 년 전에 온라인 워크숍에 참석했던 멜라니의 이메일을 받았다. 당시 지인의 추천으로 워크숍을 듣게 된 멜라니는 도저히 돈 관리를 못 하겠다고 나에게 털어놓았다. 빚을 갚는 데 어려움을 겪었으며, 매달 말에는 돈이 모자랐다.

"세미나는 돈 관리의 도화선이 됐어요." 멜라니는 편지에 이렇게 썼다.

멜라니는 돈에 관해 스스로 질문해 보고, 돈 관리를 방해하는 고정관념 찾았으며, 기어 모델 방법을 사용해서 문제를 차차 해결해 나갔다.

워크숍을 통해 깨달은 돈에 관한 믿음은 다음과 같다.

- 절대 인색하거나 인색해 보이면 안 되므로, 돈을 많이 써야 한다. 그래서 부자가 될 수 없다.
- 통장 잔액을 보지 말자. 돈에 관해 생각하지 말자. 돈은 중요하지 않다. 돈은 환상일 뿐이다.
- 나는 두려움과 부족함이라는 모순적인 늪에서 살고 있다. 두려움과 부족함을 상쇄하려는 마음이 돈을 쓰고 싶다는 욕구와 결합하여 결국 수입보다 지출이 많아진다.
- 부족하다는 느낌을 지우기 위해 필요하지 않지만 예쁜 물건을 산다.
- 나는 이유 없이 돈을 무턱대고 지출한다. 돈의 흐름을 통제하지도 않을뿐더러 돈 관리에 책임감이 없다.

멜라니는 이런 믿음에 의문을 제기하고 점진적으로 변화시켜 새로운 믿음을 세웠다.
- 돈이 많다고 자동으로 인색해지는 건 아니다.
- 그저 내가 가진 돈을 쓰고 있을 뿐이다.
- 돈 관리에 책임을 지고, 지출에 주의를 기울인다.
- 돈과 사랑이 넘치는 관계를 형성하고, 돈을 존중한다.

돈과 사랑이 넘치는 관계를 구축하기 위해 멜라니는 감정 가계부에 지출과 수입을 적었다. 감정 가계부를 적음으로써 부정적인 감정의 기저에는 무엇이 있는지, 또 부정적인 감정을 어떻게 해석하는지 살펴보고 바꿔나갈 수 있었다. 마침내 멜라니는 돈과의 관계에 자신감이 생겼고, 월별 예산을 항목별로 배정하고, 봉투에 현금을 넣어서 관리하기 시작했다. 현금을 쓰면 예산을 초과하지 않는 선에서 돈을 지출할 수 있다. 봉투가 비면 쓸 돈이 없기 때문이다.

이번 장에서는 예산에 대해 더 자세히 설명해 보겠다. 또한, 멜라니는 업보를 없애기 위해 1년 동안 노숙자를 볼 때마다 돈을 기부했다.

"노숙자에게 돈을 기부하는 걸 멈췄어요. 그 돈은 다 제 거예요. 빚을 모두 갚았고요. 매월 65만 원을 대출받아 쓰는 대신, 한 달에 80만 원이나 남아요! […] 추신: 요즘은 주식과 옵션에 투자하고 있어요…."

입이 다물어지지 않았다. '돈에 신경을 끄고 살고 싶어요. 돈 관리를 못 해요'에서 '이제 빚이 없고, 요즘은 주식에 투자하고 있어요'라니. 엄청난 발전이다. 내가 멜라니를 자랑스러워하는 만큼 멜라니도 자기 자신을 자랑스럽게 여겼으면 좋겠다.

연습해 보기: 기어 모델

일단 돈에 관해 어떤 부정적인 생각이 드는지 생각해 보고 다음 칸에 적어보자.

세상에 일어나는 모든 나쁜 일들은 돈 때문이야.

항상 돈이 없어.

돈을 절대로 내 곁에 머무르지 않아.

돈 때문에 피곤해.

돈 벌려면 열심히 일해야 해.

그 돈을 낼 여유가 없어.

돈을 더 원하는 건, 곧 다른 사람의 돈을 뺏어가는 거야.

부자들은 성격이 더러워.

언젠가 가난해질까 봐 두려워.

빚을 갚지 못할 거야.

이 일을 하면 절대 부자가 될 수 없어.

_____

_____

_____

_____

위 생각 중 하나를 선택하여 기어 모델을 적용해 보자. 그런 생각을 하면 기분이 어떤가? 정확히 이름을 붙일 수 없다면, 몸

돈의 감정

으로 느껴보자. 몸에 무엇이 느껴지는가? 긴장되거나 열이 오르거나 몸이 싸해지는가? 심장, 뺨, 배, 어깨에서 무언가가 느껴지는가? 이러한 감정과 감각을 강하게 느껴보고, 그렇게 느낄 때 어떻게 행동하는지 생각해 본 후, 다음 '생각 적기'에 있는 '행동'에 적어보자. 이렇게 결과를 자동으로 도출해낼 수 있다. 행동은 생각의 연장선이라는 걸 깨달을 수 있을 것이다.

　이 연습을 한 후에는 더 좋은 감정을 느끼게 하는 생각을 찾게 된다. 생각을 바꾸면 어깨에 힘이 들어가거나, 배가 조여오거나, 얼굴에 열이 오르지 않을 것이다. 그렇게 생각하거나 행동하면 어떤 감정이 들고 어떤 결과가 나오는지 곰곰이 떠올려보자.

연습해 보기: 생각 파악

지금 드는 생각:

_____

감정:

_____

행동:

_____

결과:

_____

새롭게 드는 생각:

_____

감정:

_____

행동:

_____

결과:

_____

돈의 감정

생각을 작은 단위로 나누는 이유

특정한 생각을 오래 하면 그 생각이 몸에 밴다

이 책의 전반부에 나온 '생각은 몸에 도달하기 전까지는 하나의 소리에 불과하다.'라는 문장이 기억나는가? 생각할 때 뇌는 생각과 일치하는 메시지를 보내고, 메시지에 상응하는 감정을 몸에서 불러일으킨다.

다시 말해 사랑스럽거나 행복한 생각을 하면, 뇌는 사랑스럽거나 행복하게 느끼게 하는 메시지를 몸에 보낸다. 그래서 부정적이거나 불안한 생각을 하면, 부정적인 감정이나 불안을 느끼게 된다.

요점은 아주 오랫동안 특정한 생각을 하면, 그 생각이 몸에 밴다는 것이다. 생각이 감정을 불러일으킨다고 전제하는 기어 모델과는 달리, 감정이 생각에 영향을 미친다. 조 디스펜자Joe Dispenza 박사에 따르면, 사람이 어떤 생각을 할 때 뇌는 생각하는 그대로 느끼게 하는 화학물질을 만든다. 생각하는 대로 느끼자마자, 곧 느끼는 것처럼 생각하기 시작한다.

간단하게 말하면, 우리는 새로운 방식으로 생각하고 싶어도 익숙한 생각에 오랫동안 길들여져서 바꾸는 게 힘들다는 걸 의미한다. 새로운 생각을 하려고 하면 몸은 "아냐, 그러지 마. 위험해. 익숙한 게 뭔지 잘 알고 있잖아. 좀 더 생각해 봐. 그게 더 안전하다는 걸 알고 있지?"라고 말한다. 몸은 변화를 좋아하지 않기 때문이다.

그렇다면 이제 '돈이 충분하지 않아.' 대신 '돈이 차고 넘쳐.'라고 생각해 보자. 동굴 안에 있는 동물을 밖으로 천천히 유인하는 대신, 손으로 잡고 끌고 나가려는 것처럼 말이다. 밖으로 나왔다고 안심하고 손을 놓으면 동물은 순식간에 다시 동굴 속으로 들어갈 것이다. 우리는 밖에 나오는 걸 두려워하는 동물, 즉 우리의 몸을 천천히 설득해서 익숙한 동굴에서 빠져나오게 해야 한다.

타인에게 하는 확언이 통하지 않는 이유이기도 하다. 집안 곳곳에 '나는 부자고 아름다우며 성공했다'라는 메모지를 붙이고 매일 아침 세 번 나 자신에게 말할 수는 있겠지만 이런 생각이 나에게서 나오지 않으면 몸은 생각을 믿지 않는다. '나는 가난하고 못생겼는데 아무것도 할 줄 모른다.'라고 생각하면 이 생각에 일치하는 감정을 만들어내서 뇌가 다시 그런 방향으로 생

　　　　　　　　　　　　　　　　　　돈의 감정

각을 자극한다.

생각의 속도를 늦춰라

익숙한 생각에서 벗어나 생각을 바꾸려면, 즉 안전지대를 벗어나려면, 몸이 생각을 따라갈 수 있도록 생각의 속도를 늦춰야 한다.

"항상 돈이 부족해."
→ "이번 달에는 먹을 음식도, 옷도 있고. 지붕도 있으니 필요한 건 다 있지, 뭐."

"돈 관리를 못 하겠어."
→ "돈이 나갈 일이 있을 때마다 관리하면 돼."

"재정을 관리하려면 시간을 들여야 하는데, 그만큼 시간이 안 나."
→ "일주일에 한 번 10분을 할애해서 입출금 명세서를 볼 수 있어."

나는 온라인 워크숍 참가자들이 일정한 루틴을 따를 수 있도록 매일 숙제를 내준다. 그중 몇몇은 숙제가 학창 시절의 안 좋은 기억을 떠올리게 한다고 숙제를 꺼리기도 한다. 한 주가 끝날 때 왜 숙제를 하지 않았는지, 또는 왜 숙제를 매일 못 했는지에 대해 변명을 하곤 한다. 솔직히 말하자면 숙제를 하지 않았는지, 언제 숙제를 했는지는 상관이 없다. 나에게 제출하는 숙제도 아닐뿐더러 점수도 매기지 않는다. 참가자를 위한 숙제일 뿐이다.

온라인 워크숍에 참가한 카를로타는 첫 번째 주가 끝나고 매일 돈을 버느라 숙제할 시간이 없었다고 말했다. 아마 정말 그랬을 것이다. 눈코 뜰 새 없이 바쁜 일상 속에서 지금까지 들춰보지도 않았던 일에 갑자기 시간을 내기란 쉽지 않다. 그러나 돈과의 관계를 개선하고 싶은 카를로타는 문제의 해결책을 찾아야 했다.

카를로타는 오랫동안 돈을 관리할 '시간이 없다'고 생각했다. 비단 돈뿐만이 아니었다. 카를로타는 여러 가지 일을 할 시간이 없다고 자기 자신에게 변명을 해왔다. 제대로 못 하고 실패하지 않을까 하는 두려움이 있었기 때문이다. 동시에 카를로타의 몸은 계속 예전처럼 생각하라고 지시를 내렸다. 그래서 '시간이 없다'보다 더 나은 생각을 할 수 없었고 '숙제를 하지 않는 것' 이외에 다른 결과를 달성할 수 없었다.

기어 모델을 카를로타 사례에 적용해 보자.

돈의 감정

상황: 돈 관리를 다루는 온라인 워크숍에 참가한다.

생각: 할 일이 너무 많다! 매일 돈을 버느라 숙제를 할 시간이 없다.

감각: 가슴이 조이는 느낌이 든다, 하기 싫다, 몸이 긴장한다, 실패할까 두렵다.

행동: 매일 숙제를 미루고, 숙제할 시간을 내지 않는다.

결과: 숙제를 하지 않았다. 내일 해야 할 숙제가 두 배로 늘어났다. 숙제하는 게 전보다 더 부담스러워졌다. 더 많은 시간을 할애해야 한다(= 기존의 생각을 확인하게 되었다).

시간이 없어서 문제라면, 자투리 시간을 활용하면 효과적이다. 나는 짧게라도 시간을 내서 동굴 속의 동물을 나오게 하는 걸 제안했다. 카를로타에게 변화가 나쁘지 않다는 걸 보여주기로 마음먹었다. 카를로타는 최대 2분을 낼 수 있다고 했다.

그런 다음, 다시 기어 모델을 적용했다.

상황: 돈 관리를 다루는 온라인 워크숍에 참가한다.

새로운 생각: 매일 밤 2분간 타이머를 맞춰 놓고 숙제를 마치겠다.

감정: 잘 될 것만 같다. 여유롭고, 심지어 숙제하는 자신의 모습에 자부심이 느껴진다.

행동: 밤에 2분간 타이머를 설정하고 숙제를 한다.

결과: 숙제를 끝마쳤다(=새로운 생각을 확인하게 되었다).

두 번째 주도 그렇게 시작했다. 종종 너무 짧은 시간 안에 숙제를 끝내려고 하다 보니, 수십 개의 훌륭한 아이디어가 떠오르고 생각이 넘쳐흐르게 되었다. 결국 예상보다 숙제하는 시간이 더 많이 걸렸다. 몸이 새로운 생각을 따라가며, 또한 새로운 현실을 마주하려면 더 많은 시간이 필요했다.

그래서 한 번에 목표에 빠르게 도달하기보다는 차근차근 도달하는 방법을 사용하는 게 좋다.

180도 바꿔 생각해 보기

생각을 바꾸기 위해 사용하는 두 번째 방법은 내가 믿는 생각과 정반대의 생각을 떠올려보는 것이다. 책의 초반부에서 이미 살펴본 바 있다. 돈을 쓰고, 벌고, 저축한 적이 있다면 돈을 잘 관리할 잠재력이 있다는 사실을 기억하는가?

과거에 내가 종종 하던 생각 중 하나는 '내 곁엔 돈이 없어'였다. 기어 모델을 써봤지만 어떤 연유로 이런 생각을 하게 되었는지 갈피가 잡히지 않았다. 물론 나 자신에게 '필요한 건 다 가지고 있어'라고 몇 번이나 말했지만, 행동을 바꾸기에는 충분하지 않았다.

날씨가 흐린 11월의 어느 날, 비에 젖은 풀밭에서 강아지들을 산책시키던 중 다시 한번 '내 곁엔 돈이 없어'라는 생각이 들었다. 머릿속의 단어 배열을 이리저리 바꿔보고 앞뒤로 뒤집어 보니 갑자기 정반대의 문장이 나왔다. '돈 곁엔 내가 없어' 믿을 수 없을 정도로 사실이었다.

정신이 바짝 들었다. 돈이 날 필요로 할 때 그 자리에 있지 않았는데, 어떻게 나를 위해 그 자리에 있어 달라고 돈에 기대할 수 있을까? 어떻게 돈을 신경 쓰고, 돌보고, 사랑스럽게 바라보며, 돈과 즐겁게 시간을 보낼 수 있을까?

그렇게 그날 '돈과의 데이트'가 탄생했다. 매주 데이트 약속을 잡고, 재정 상태를 자세히 살펴보고, 돈을 필요한 일에 할당하며, 관심을 두었다.

만약 괴롭거나 방해되는 생각 등 기어 모델로도 해결할 수 없는 생각이 있다면, 180도 바꾸어 생각해 보거나 단어의 배치를 자유롭게 바꿔보자. 새롭게 탄생한 문장이 무엇을 뜻하는지, 어떻게 해석할 수 있을지, 나아가 인생에 어떤 변화를 가져올 수 있을지 생각해 보자.

저축의 두 가지 의미

저금리 시대에 저축을 한다는 것

돈을 가지고 실험하는 또 다른 방법은 저축하는 것이다. 좋다. 인정한다. '저축'이라는 단어를 들으면 내 고향에 있는 작은 은행이 떠오른다. 세계 저축의 날, 나는 바닥에 카펫이 깔린 창구 끝에서 어린이 통장을 들고 서 있었다. 답답할 정도로 꽉 맞고 까끌까끌한 목폴라 스웨터를 입고 있던 내 모습이 생각난다. 절약은 '섹시'하지 않다. 또, 금리가 너무 낮아 예금 통장에 저축하는 건 예전만큼 의미도, 희망도 없다. 2% 물가 상승률이 1% 미만의 금리를 상쇄하기 때문이다. 이는 곧 예금 통장의 잔액이 수년에 걸쳐 변하지 않아도 매년 2%의 가치를 잃는다는 뜻이다.

또한 저축이라 하면, '허리띠를 졸라매라', '쓰려던 돈을 도로 지갑에 넣어라' 등의 표현이 생각난다. 한마디로 하고 싶은 일을 다 하지 못한다는 걸 의미한다.

돈의 저축에는 긍정적인 면이 있다. '저축'을 표현으로 바꾸면 돈을 저축하는 걸 다른 관점에서 볼 수 있다. 다음 두 가지 표현을 살펴보자.

투자한다

앞 장에서 우리는 우리 평소에 쓰는 말의 힘이 얼마나 중요한지 살펴보았다. 만약 '저축'이라는 말을 들었을 때 불편한 감정이 든다면, 이를 '투자'로 바꿔라. 예를 들면 우리는 휴가를 가고, 자기 계발을 하며, 노후를 대비하기 위해 투자한다. 투자란 가치를 증가시키는 것을 의미한다. 물론, 투자 리스크에 따라 가치는 달라진다. 예를 들면, 자기 계발에 돈을 투자하면 더 많은 돈을 벌 수 있다. 새로운 기술과 지식을 습득하면 월급이 오르거나 더 좋은 직장으로 이직할 수 있고, 중요한 주제를 더 깊게 다룸으로써 유익한 지식과 경험을 쌓을 수 있다.

한편 휴가에 투자하면 에너지를 재충전할 수 있고, 휴식을 취할 수 있으며, 몸이 건강해지는 느낌을 받을 수 있다. 휴가에 투자하는 건 한마디로 에너지 자원에 투자하는 과정이다. 새로운 사실을 알게 되고, 새로운 사람을 만나며, 특별한 경험을 해서 일상이 풍요로워질지도 모른다.

노후에 대비한다

고령화 사회에 투자와 노후 대비는 정말 중요하다. 지금까지 많은 사람은 이 부분을 걱정하지만, 막상 제대로 된 방법은 못 찾고 있다. 돈과 건강한 관계를 맺지 않고 있다면, 연금 보험, 투자 펀드 등 추상적인 개념을 다루는 게 어렵다. 이 책을 통해 돈에 대한 두려움을 없애고, 돈뿐만 아니라 나 자신과 긍정적이고 안정적이며 감정이 풍부한 관계를 맺었다면, 이제 다음 단계로 나아가야 할 때다.

많은 사람은 돈이 나를 위해 일하게 하고, 편안한 여생을 보낼 수 있게 하는 장기 투자를 두려워한다. 앞서 살펴본 바와 같이, 두려움은 단지 정보나 지지가 부족하다는 신호일 뿐이다. 투자에 대한 정보를 얻고 지지를 구하기 시작함으로써 투자에 대한 두려움을 없앨 수 있다.

투자와 노후 대비라는 주제를 어떻게 풀어낼지 고심했다. 얼마 전까지만 해도 재무와 관련된 모든 글은 남성 독자를 대상으로 쓰였다. 펀드 투자 설명서를 펴면 한 단락을 채 읽지도 못한 채 너무 지루해서 눈꺼풀이 스르르 감겼다. 다행히 지금은 여성을 위한 유익한 책과 강좌가 많다. 또, 흥미롭고 이해하기 쉬운 방식으로 투자와 노후 대비를 설명하는 재무 상담가들도 있다.

중요한 것은 무얼 원하는지 아는 것이다.

- 한꺼번에 투자하려는 큰 종잣돈이 있는가?

- 월별 저축 계획을 선호하는가?
- 아니면 투자와 저축을 병행하는 걸 선호하는가?
- 나중에 월세를 내지 않아도 되는 주택이나 아파트가 있었으면 좋겠는가?
- 아니면 임대 소득이라는 소극적인 소득을 창출하는 부동산이 있었으면 하는가?

원하는 게 무엇인지 알게 되면 조사를 시작하자. 어떤 주식에 투자할 수 있을까? 어디 은행에서 개인 금고를 열 수 있는가? 펀드란 무엇이며, 어떻게 거래할 수 있으며, 어떤 종류의 회사에 투자하고 싶은가? 얼마만큼 위험을 감수할지에 따라, 어떤 형태의 상품_{연금 보험, 주식, 투자 펀드, 국채}에 투자할지도 달라진다. 또, 투자 위험이 낮을수록 이익은 적다.

몇 년 후에 원하는 수입을 얻기 위해서는 한 번에 또는 한 달에 얼마나 많은 돈을 투자해야 하는지 아는 것도 중요하다. 또는, 그 반대로 얼마만큼 월별 수입을 창출하고, 얼마만큼 투자할 수 있으며, 몇 년 동안 투자해야 하는가에 관해 질문해 보자. 요즘은 금리를 정확하게 계산해 볼 수 있는 인터넷 사이트가 많으니 참고하자.

주택이나 아파트에 투자하고 싶다면, 해당 지역의 개발 계획에 관해 시장 조사를 해야 한다. 앞으로 공항 활주로가 놓일 것인가 아니면 새로운 철도가 건설될 것인가? 만약 철도나 활주로가 근처에 있으면 집값이 상당히 내려갈 수 있다. 지역이 재개발될 계획이 있다면, 집값이 상승할 수 있다.

한편 아파트의 경우, 공용 관리비가 발생한다는 점을 염두에 두어야 한다. 입주자 대표회의에서 초인종을 새로 달자고 하거나 베란다 확장 공사를 한다고 결정하면, 마음에 들지 않아도 비용을 내야 한다. 이런 상황을 대비해서 충분한 금액이 준비되어 있어야 한다.

물론 세를 내놓는 부동산을 구매했을 때도 마찬가지다. 임대소득을 창출하여 대출금을 갚고, 보수 및 수리 비용까지 충당할 수 있을지 확실히 해야 한다.

코로나19를 통해 투자 위험이 얼마나 큰지 새삼 느끼게 되었다. 많은 임차인은 일자리를 잃거나 노동시간을 단축해야 했다. 임차인이 월세를 낼 수 없었기에, 임대인의 소득도 줄어들었다. 주식 시장은 폭락했다. 돈을 번 사람도 있었지만 많은 사람이 돈을 잃었다. 지금 사는 주택이나 아파트에 대출이 있고 다달이 대출금을 갚을 상황이 힘들다면 투자는 안전하지 않다.

하지만 모든 걸 날릴 수도 있다는 두려움에 압도당해서는 안 된다. 예를 들어서, 주식 시장의 역사를 살펴보면 주식 시장이 폭락한 후에는 마지막 고점보다 훨씬 높은 지점까지 올라갔다. 또한, 집값이 일시적으로 떨어질 수도 있더라도 일반적으로 부

돈의 감정

동산은 항상 가격이 오른다. 그래서 투자의 비결은 인내심이다. 단기 투자는 투기꾼을 위한 것이다. 돈이 나를 위해 일하게 하고 싶다면 최소한 15년에서 20년까지 기다려야 한다. 시간이 흘러야만 시장의 변동성이 사라질 것이고 주식이나 투자 펀드의 금리 효과를 완전히 볼 수 있다.

1959년 이후 독일 닥스지수 프랑크푸르트 증권거래소에 상장된 주식 중 30개 기업을 대상으로 구성된 종합 주가 지수 – 옮긴이

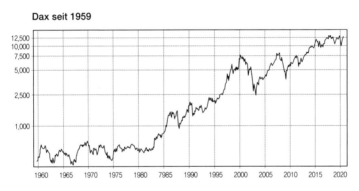

Dax seit 1959

https://www.boerse.de/langfristchart/Dax/DE0008469008

2018년 여름에 집을 판 후, 이 돈을 가지고 무엇을 해야 할 갈피를 잡지 못했다. 당장 답이 나오지 않아 당황스러웠다. 분명히 통장에 돈이 있었지만. 나의 삶과 동떨어진 것 같았다.

이제껏 만난 많은 사람도 같은 말을 했다. 갑자기 재산을 상

속받거나, 퇴직금을 받거나, 회사 또는 주택을 매각해서 큰돈이 생기는 경우, 처음에는 내 돈이 아니라고 느껴진다. 일상생활에서 만지는 돈보다 훨씬 큰 금액이기 때문이다. 손을 댈 수 있고, 안전하고 편하게 느껴지는 숫자의 범위는 각자 다르다. 또, 돈이 생각했던 것보다 많으면 어떻게 써야 할지 참고할 만한 기준이 없어서, 어디에 어떻게 써야 할지 갈피가 잡히지 않는다.

내 돈이 아닌 것처럼 느껴지는 또 다른 이유는 내가 번 돈이 아니기 때문이다. 부모님의 집을 물려받은 것처럼 재산이나 주식을 상속받거나 되파는 경우는 내가 직접 번 돈이 아니라 내 돈이 아닌 것 같다. 마지막 이유는 그 돈이 표면적으로는 나쁜 감정을 없애기 때문이다. 회사에서 안 좋게 잘리고 퇴직금을 받은 게 그 예이다.

어쨌든 그 돈이 내 것이 아니라고 느껴진다면, 돈과 친구가 되어야 한다. 돈을 통장에 그대로 놔두고 새로운 상황에 익숙해져야 한다. 인플레이션으로 2%의 손해를 보는 건 맞지만, 경솔한 투자로 모든 걸 잃는 것보다 손해 보는 게 낫다.

어디에 어떻게 투자할 건지 결정을 내리기 전에 돈과 신뢰를 쌓아야 하는 이유는, 투자가 꺼려지는 이유가 돈이라는 주제를 다루는 게 불편해서인지, 아니면 그 투자가 나와 맞지 않는지 구분하기 위해서다.

이때 직감은 선택을 도와주는 훌륭한 지표가 될 수 있다. 말

돈의 감정

콤 글래드웰Malcolm Gladwell은 저서 『블링크』에서 어떻게 큐레이터
들이 게티 박물관Getty Museum에 있는 고대 조각상의 진위를 감별
할 수 있었는지 설명한다. 박물관은 전시하기 전에 동상이 진품
인지 꼼꼼히 살펴보았다. 그런데 전시 전문가인 큐레이터들은
단 몇 초 만에 작품에 뭔가 잘못되었다는 것을 느꼈다. 뭐라고
설명할 수 없었다. 조각상을 보자 단어와 감정이 머리를 스쳤다.
한마디로, 큐레이터들은 직감적으로 조각상이 진품이 아니란
걸 알았고, 이후 추가 검사를 통해 모조품임을 확인했다.

아마 몇 초 안에 모든 정보가 한눈에 들어오는 상황을 경험해
본 적 있을 것이다. 이사할 집을 구하러 다닐 때, 건물에 들어서
면 바로 이사 가고 싶은 집인지 아닌지 알 수 있다. 아무리 조건
이 매력적일지라도 이곳은 아니라는 직감이 들면 계약을 하지
않게 된다. 내가 살 집인지 아닌지는 직감이 정확히 말해준다.

투자도 마찬가지다. 내가 원하고, 필요하고, 편하게 느끼는 것
이 뭔지 더 잘 알수록 직감을 더 믿을 수 있다. 투자 기회가 있
을 때, 다른 사람들의 번지르르한 말보다 첫 번째로 드는 생각
을 믿어보자.

그리고 직감을 뒷받침할 수 있는 정보를 찾고, 읽고, 질문해
야 한다. 여기서도 직감은 수집한 정보를 신뢰할 수 있는지 없
는지 알려준다.

나는 집을 판 돈으로 무엇을 할지 1년 동안 생각해 보았다.

그 금액에 익숙해지기 위해 몇 주마다 통장을 살펴보고, 그 금액이 실제로 얼마나 되는지 이리저리 계산해 보았다. 이 돈으로 몇 년 동안 아파트를 임대할 수 있을까? 수입이 없을 때 이 돈으로 몇 년이나 버틸 수 있을까? 그리고 지금 이 돈으로 무엇을 사면 좋을까?

돈을 그대로 내버려 둔 1년 동안 점점 원하는 것과 원하지 않는 게 분명해졌다. 일단 새 차가 필요했다. 지금 차가 너무 오래돼서 잘 작동하지 않았다. 차를 사고 남은 돈의 10%를 나 자신에게 투자하고 싶었다. 한 번에 다 쓰는 게 아니라 향후 몇 년 동안 자기 계발을 하는 데 쓰거나, 코칭을 받거나, 스파에 가는 등 재미있는 일에 그 돈을 쓰고 싶었다. 또, 가능하다면, 자동차나 시계를 사고팔아 수입을 올리고 싶었다. 팔리지 않더라도 적어도 멋진 차나 세련된 시계는 가질 수 있었다.

무엇보다도 그 돈의 대부분을 노후 대비를 위해 주식에 투자하고 싶었다.

이후 6개월 동안 주식 시장이 어떻게 작동하는지, 투자 자금이란 무엇인지, 어떤 회사나 펀드에 투자하고 싶은지 등을 알아보았다. 코로나가 발생하자, 시장이 어떻게 돌아가는지, 투자 전략이나 포트폴리오에서 바꾸고 싶은 부분이 있는지 다시 살펴보기 시작했다. 책을 쓰는 지금도 어떤 주식을 살지 살펴보고 있다.

돈의 감정

물론 가능한 한 일찍 투자를 시작하는 게 좋다. 투자 기간이 길어질수록 돈이 불어나기 때문이다. 그러나 어떤 투자가 좋은지 확신할 때까지 또는 나와 이 돈에 알맞은 투자법이 무엇인지 알기 전까지는 거액을 투자하는 걸 피해야 한다. 1년이 걸리더라도 돈과 돈의 가치에 익숙해지는 것이 확신이 없는 상품에 급하게 투자하는 것보다 낫다.

호기심

인생에서 나를 움직이게 하는 건 호기심이다. 연구원 같은 자세로 새로운 통찰을 얻기 위해 무언가를 관찰한다. 이게 바로 실험이 아닐까? 저축해야 한다고 나 자신에게 말하는 대신, '어떻게 최대한 적은 비용으로 오늘, 이번 주, 이번 달, 이번 해에 달성하고자 하는 목표에 도달할 수 있을까?'라고 물어보자.

이쯤 되면 사람은 어떤 감정을 느끼기 위해 행동한다는 걸 알게 된다. 호기심을 가지고 지금 느끼고 싶은 감정을 정확히 발견한 다음, 그 감정을 느낄 수 있는 새로운 방법을 찾아보자. 아이들과 함께 놀이공원에 가고 싶다면, 놀이공원에서 느끼고 싶은 감정이 근본적으로 무엇인지 살펴보자. 아이들과 즐겁게 시간을 보내는 것인가? 하루 동안이라도 일상을 탈출하는 것인가? 아니면 홀가분한 기분을 느끼고 싶은가? 원하는 느낌을 알게 되면 놀이공원에 가지 않고도 어떻게 그 감정을 느낄 수 있는지 생각해 보자. 아이들과 술래잡기나 숨긴 물건 찾기를 하면 어떨까? 놀이공원 대신 영화를 보러 가거나, 정원에서 모닥불을 피우거나, 소시지를 굽거나, 무서운 이야기를 듣는 건 어떨까?

완전히 다른 예를 들자면, 나는 따듯하고 포근한 것을 좋아한다. 스페인에는 중앙난방이 설치된 집이 거의 없기에 겨울에는 춥다. 보온 주머니가 있는 게 얼마나 다행인지 모른다! 나는 쓴 만큼 전기료를 내는데, 재미있는 건 보온 주머니를 쓰면 전기를 아낄 수 있을 것 같다. 그래서 매일 밤 난방기에서 따뜻한 바람과 함께 섞여 나오는 먼지를 들어 마시기보다는 보온 주머니에 따듯한 물을 넣은 후 소파에서 담요를 덮고 포근하게 있는 경우가 많다. 이게 얼마나 따뜻하고 포근한지 완전히 빠져들었다. 게다가 거의 비용이 들지 않는다.

호기심을 가지고, 열린 마음으로, 새로운 것을 시도해보자. 실험을 해보자!

돈의 흐름 바꾸기

돈은 전기와 같다

나는 내담자에게 어떤 연습을 권하기 전에 직접 연습해 본다. 그리고 효과가 있을 때만 내담자에게 그 연습을 권한다. 그 가운데 많은 사람이 효과를 본 방법을 이 책에서 소개한다.

돈을 관리하는 새로운 방법을 제시하는 '돈의 흐름 바꾸기'도 그런 연습 중의 하나다.

내 경험상 돈과 전기는 비슷하다. 가전제품의 플러그를 꽂아 놓고 전기가 흐르기를 기대할 수도 있지만, 전기가 없다면 케이블로 전기를 끌어와서 램프, TV, 노트북에 연결해 작동시킬 수도 있다. 돈도 전기처럼 어떤 방향으로 흐르도록 미리 정해 놓으면 더 잘 흐른다. 우리가 원하는 것이 무엇인지, 얼마나 많은 돈이 필요한지 더 정확하게 알수록 이러한 목표를 향해 돈이 더 쉽게 흘러 들어간다. 대부분의 사람에게 '그냥' 돈을 모으는 것은 별 효과가 없었다. 그러나 그리스 크레타섬에서 휴가를 보내려면 180만 원이 필요하고, 자기 계발 코스를 들으려면 240만 원이 필요하고, 새 TV를 사려면 70만 원이 필요하다고 말하는 순간 효과가 나타난다.

목표가 정확하면 돈이 따라온다

실험을 하면서 돈이 어디서 어디로 흘러가는지를 추적함으로써 한 걸음 더 발전할 수 있다.

앞서 살펴본 사례의 내담자는 일상생활을 영위하는 데 월급이 부족하지는 않았지만, 휴가를 가기에는 돈이 모자랐다. 그래서 내담자는 개 목걸이를 판매하여 버는 수입(출처)을 휴가(목표)를 위한 통장에 넣는 실험을 시작했다.

나 역시 스페인에서 살기 위해 돈의 흐름을 바꾸는 연습을 했다. 번역과 코칭을 하면서 기본 수입을 올리는 동시에, 워크숍(출처)을 해서 버는 돈은 전부 스페인에 가기 위한 통장(목표)에 넣었다. 이렇게 목표를 세우게 되면 목표에 더 많은 에너지를 투입할 수 있는 동기가 부여되고, 곧 매우 흥미로운 효과가 나타난다. 우리가 정한 돈의 출처에서 갈수록 더 많은 돈이 목표를 향해 흘러 들어간다. 내담자는 몇 년간 개 목걸이를 팔았어도 휴가 갈 돈은 없었다. 하지만 출처와 목표를 정한 후, 갑자기 돈을 많이 벌기 시작했다. 왜냐하면 휴가를 가기 위해서 돈을

274

벌고 싶었기 때문이다.

첫 번째 워크숍을 마친 후, 스페인(목표)에 가기 위해 워크숍 (출처)으로 번 돈을 모으기로 마음을 먹었다. 일단 어떤 주제로 워크숍을 열어야 할지 몰랐을뿐더러, 두 번째 워크숍을 열어봤자 사람들이 관심을 가질까 반신반의했다. 그런데 스페인 여행에 돈을 투자하기로 한 후, 갑자기 유럽 전역에서 워크숍 신청서가 물밀듯이 들어왔다. '돈'이라는 에너지가 돈을 쉽고 빠르게 흐르는 길을 보여주려고 기다리고 있었던 것 같다.

한번 시도해보는 건 어떨까? 부업을 하고 있지 않더라도, 하루가 끝나기 전 또는 주말에 시간을 내서 다음 휴가에 쓸 수 있는 돈을 조금씩 만들어보자. 당장은 잘 모르겠지만 1년 후에 놀랄만한 일이 일어날 것이다. 남편과 함께 몇 년 동안 이렇게 해왔고, 허리띠를 졸라매지 않고도 매년 100만 원~200만 원의 돈이 모였다.

나에게 맞는 통장 만들기

통장이 몇 개 필요할까?

내담자와 돈 관리에 대해 본격적으로 논의할 때면 꼭 "몇 개의 통장이 있어야 하나요?"라는 질문을 받는다. 그리고 이 질문에 대한 답은 항상 똑같다. "개개인에 따라 다릅니다."

어차피 돈 문제는 그 자체로 어려운 것이기 때문에 언제나 최대한 간단하고 복잡하지 않게 다루어야 한다. 몇 개의 통장을 잘 관리하는 사람도 있고, 잘 관리하지 못하는 사람도 있다. 이제부터 몇 가지 방법을 소개할 테니, 어떤 방법이 자기 자신에게 가장 편한지 알아보자. 가장 일반적인 모델을 소개하고 어떤 장단점이 있는지 살펴보도록 하자.

길잡이: 다음 내용을 읽으면서 나에게 맞는 모델이 무엇인지 곰곰이 생각해 보자. 배가 뭉친 듯이 조여오거나 부담

돈의 감정

이 느껴지는 등 나와는 잘 안 맞겠다는 느낌이 들면 다른 모델을 선택하자.

6개의 통장

본 모델은 캐나다 작가 하브 에커^{T. Harv Eker}가 개발한 것으로, 자산을 '6개의 항아리'에 넣어 관리하는 법이다. 말 그대로 매달 벌어들이는 수입을 특정 비율에 따라 6개의 통장으로 나누면 된다.

1. 생활비 통장: 55%

- 월세, 식비, 공과금, 청구서

월수입의 반이 조금 넘는 금액을 이 통장에 입금하여 월세나 주거 대출, 관리비, 식비, 의료비 및 보험비로 지출한다.

2. 미래를 위한 투자 통장: 10%

- 돈이 크게 들어갈 일, 혹시나 모를 상황을 대비한 비자금, 휴가 비용, 예상치 못한 비용(의료 등)

예상하지 못하게 드는 큰 비용을 위한 통장이다. 물론 이 책을 읽은 후에는 더는 대출을 받으면 안 된다. 이 통장에는 휴가 비용이나 예상치 못한 비용을 저금해 놓도록 하자.

3. 즐거움을 위한 통장: 10%

- 여가, 가족과 보내는 즐거운 시간

오로지 즐거운 활동을 위한 통장이다. 영화관 가기, 친구들과 저녁 식사하기, 놀이공원 가기, 스트리밍 서비스, 피자 주문 등 여가를 위한 금액은 여기서 빠져나가도록 하자.

4. 자기 계발을 위한 통장: 10%

- 코칭, 멘토링, 도서, 추가 교육

이름에서 볼 수 있듯 자기 계발이나 직업 교육 비용은 이 계좌에서 나간다.

5. 재정적 자유를 위한 통장: 10%

- 주식, 펀드, 부동산, 소극적 소득 투자, 기타투자

이 통장은 노후 대비용이다. 이렇게 하면 월 경비를 두 배에 많으면 세 배까지 빠르게 절약할 수 있고, 비상 상황이 생겨 수입이 없을 때도 몇 개월을 쉽게 버틸 수 있다. 주식, 펀드, 부동산 등에 투자해서 노후 준비 자금을 마련할 수 있다. 단, 일정한 시간이 지나야 돈이 모인다는 느낌을 받을 수 있다.

6. 기부를 위한 통장: 5%

자선단체 지원하거나 어려움을 겪고 있는 사람을 도와준다.

돈의 감정

장점

- 백분율로 돈을 할당하기 때문에 월수입과 관계없이 적용할 수 있다.
- 10원이라도 허투루 쓰는 법이 없다. 이전 장의 주제에 맞게 현금의 흐름을 강제적으로 유도한다.
- 모델이 어느 정도 유연하다. 예를 들어, 고정 비용이 소득의 55%라면 나머지 비용을 현실에 맞게 조정할 수 있다. 다른 비율을 줄이거나 특별히 중요한 부분(예: 재정적 자유를 위한 금액)의 비율은 유지하되 덜 중요한 부분의 비율을 조정할 수 있다.
- 소득의 10%를 투자하는 게 대단하게 느껴진다. 투자란 교육 코스, 코칭뿐만 아니라 마사지를 받거나 요가 개인 교습 등을 포함한다. 에너지를 재충전해서 일상생활에 충실할 수 있기 때문이다.
- 마지막으로 이번 가을에 교육을 들을 여유가 있는지, 아니면 얼마나 좋은 일에 기부할 수 있을지, 통장에 있는 금액을 보고 얼마나 가능한지 알 수 있다.

단점

최근에 한 내담자가 나를 찾아왔다. 6개 통장 모델을 엄격하게 실천하고 수입의 5%를 기부하면 부자가 될 수 있다는 말을

들었기 때문에 필사적이었다. 그러나 5%를 기부할 만큼 돈이 남지 않았고, 영원히 돈이 부족할까 두려웠다

이 문제는 정해진 답이 없다. 물론 기부를 할 수 있으면 좋고, 기부는 삶을 충만하게 만든다고 생각한다. 그러나 기부가 항상 돈의 형태로 이루어질 필요는 없다. 앞 장에서 돈이란 우리의 생명을 이어주는 에너지의 한 형태라는 이론을 살펴보았다. 이런 의미에서 나라면 돈 대신 재능이나 지식, 또는 시간을 기부할 것이다.

5개의 통장

6개의 통장이 너무 많으면 5개의 통장으로 시작하는 편이 나을 수도 있다. 기본 원칙은 6개 통장 모델과 비슷하다. 자금을 5개의 각각 다른 통장으로 나누어 보관하고, 각 통장의 돈을 특정 목적을 위해 사용한다. 지정된 비율이 없기에 자금을 어느 통장에 어떻게 넣어야 할지 스스로 결정할 수 있다.

1. 생활비 통장

급여를 받거나 월세, 관리비, 식비, 보험료 등이 빠져나가는 일반 통장이다.

　　　　　　　　　　　　　　　　　　　돈의 감정

2. 소원을 이루기 위한 통장

모든 꿈과 소원은 이 통장에 있는 돈으로 이루어야 한다. 물론 이를 위해서는 무엇을 원하는지, 비용이 얼마인지 알아야 한다. 총수입의 몇 퍼센트를 이 통장에 할당할 것인지 정하고, 원할 때 꿈과 소원을 이룰 수 있다.

3. 비상금 통장

이름에서 알 수 있듯이 이 통장에 있는 돈은 비상시에 사용한다. 차가 고장이 나거나 세탁기를 꼭 바꿔야 할 때, 아니면 치료를 위해 돈이 들어갈 때 비상금 통장에 있는 돈을 쓴다.

4. 노후 대비 통장

이 계좌는 노후 대비를 위한 통장이다. 일반 통장에 돈을 모아서 노후를 충분히 대비할 수 있을지 의구심이 든다면, 주식이나 ETF를 거래하는 증권 통장으로 대체해도 상관없다.

5. 종잣돈 통장

쉽게 손댈 수 없는 CMA 통장을 종잣돈 통장으로 설정하는게 좋다. 소득이 없을 때 3개월 정도 버틸 수 있는 돈을 저금해놓는 게 좋다. 절대 건드리면 안 되는 통장이다.

장점

- 월급을 받는 통장을 기본 통장으로 사용하면, 필요한 돈을 다른 4개의 통장으로 이체하기만 하면 된다.
- 노후를 대비하거나, 소득이 없을 때 등 중요한 상황을 대비한다.

단점

- 예상치 못한 상황을 대비하기 위한 통장이 2개나 된다. 둘 다 비상 상황을 대비하기 때문에 어떨 때 무슨 통장에 있는 돈에 손을 대야 하는지 헷갈릴 수 있다(비상이라는 단어가 주는 어감에 관해서는 뒤에서 살펴보겠다).

3개의 통장

5개의 통장에서 2개의 통장을 없애면 3개의 통장일까? 아니다. 이 방식은 부부를 위한 것이다. 어떻게 돈을 관리해야 할지 묻는 부부들이 많다. 공동 통장을 만들어야 할까? 각자 돈을 관리해야 할까? 아니면 공동 통장을 만들어 놓고 각자 돈을 관리해야 할까? 공동 통장을 만들어 놓고 각자 돈을 관리하는 것이 이상적이다.

3개 통장을 실천하는 방법은 두 가지다.

- 첫 번째 방법: 개인 통장을 가지고 있으면서 매월 일정 금액 또는 급여의 일정 비율을 공동 통장에 이체한다. 두 사람이 얼추 비슷한 수입을 올릴 때는 고정된 금액을 이체하는 게 좋다. 그렇지 않다면 연봉의 차이를 반영해서 비율을 설정하는 게 좋다. 예를 들어 한 사람이 260만 원을, 다른 사람이 390만 원을 번다면, 각각 월급의 40%, 60%를 공동 통장으로 입금한 후, 공동 통장에서 월세, 관리비, 보험, 식비 등 공동으로 들어가는 비용을 댄다. 휴가를 가거나 큰돈이 들어갈 때를 대비하여 돈을 모을 수도 있다. 중요한 건 이 통장의 금액은 두 사람 모두를 위한 것이다. 여기에 월급을 받고, 공동 생활비를 내고, 자기가 원하는 것을 할 수 있는 개인 통장이 따로 있다. 남편이 왜 비싼 바비큐 기계를 샀는지, 아내가 미용실에 간 지 얼마 되지도 않았는데 왜 또 머리를 했는지 말다툼을 하지 않아도 된다.

- 두 번째 방법: 두 사람이 버는 급여를 전부 공동 통장으로 이체한 후, 그 통장에서 생활비를 사용한다. 생활비를 쓰고 남은 금액 중 일부를 다시 각자의 통장에 이체한다. 자신의 통장에 있는 돈은 각자 원하는 데 쓸 수 있다. 두 번째 방법은 한 명만 소득이 있는 경우, 즉 다른 한 명은 육아 휴직을 하거나 전업으로 아이를 돌볼 때 적합하다. 앞

에서 본 가족 에너지를 활용하여 문제를 해결하는 방법으로, 자녀를 돌보는 배우자도 양심의 가책 없이 자신만의 돈을 가질 수 있다.

내가 사용하는 혼합 통장

내가 사용하는 혼합 통장 방식은 다음과 같다.

일반 통장

개인·사업 수입과 지출을 위한 통장이다. 자영업자라서 개인 경비와 사업 경비를 구분하는 게 어렵다면, 하위 통장을 만들어 개인적인 지출을 위한 돈을 따로 빼 둔 후, 그 통장에서 개인 경비를 지출하는 게 유용할 수도 있다.

세금 통장

자영업자와 프리랜서에게 꼭 추천하고 싶은 통장이다. 앞서 살펴본 바와 같이, 세금은 원래 내 돈이 아니고 세무서에 낼 때까지 보관하는 돈이다. 소득세 사전 납부 주기가 길수록 통장에 있는 금액이 나랏돈이라고 생각하기 어렵고, 내 돈처럼 느껴진다. 따라서 청구한 대금을 받을 때마다 세금으로 내야 할 돈을 통장으로 이체해 놓는다. 그리고 소득세를 사전에 납부해야 할 때가 되면 세금 통장에서 해당 금액을 세무서로 이체한다.

돈의 감정

투자 통장

한 통장에서 모든 투자를 관리할 수 있도록 통장 계좌를 하나로 통일했다. 여기서 투자란 휴가, 자기 계발, 집·자동차 수리, 컴퓨터·TV·가구 구매 등을 뜻한다. 엑셀 스프레드시트에 어떤 목적으로 얼마의 돈을 썼는지 기입하거나, '받는 통장 표시'에 키워드를 적어 추후에 휴가나 수리 등에 얼마만큼 돈이 드는지 가늠할 수 있다.

정말로 투자에 한 발짝 더 다가가고 싶다면, 예쁜 노트에 소원과 목표를 적거나 비전 보드^{이미지와 사진을 콜라주 방식으로 엮어서 내가 원하는 꿈이나 목표를 시각화하는 방법 - 옮긴이}와 비슷하게 이미지를 콜라주 방식으로 엮고 글을 덧붙임으로써 소원을 구체적으로 시각화하자. 사고 싶은 TV의 사진, 상품평이나 가고 싶은 휴가지의 레스토랑과 여행 팁을 붙여놓아도 좋고, 자기 계발 강좌에 관한 정보나 노후에 은퇴 자금으로 하고 싶은 일들의 사진을 붙여서 최대한 다채롭고 활기차게 꾸며보자. 목표를 시각화하면, 목표에 더 빨리 도달할 수 있다.

수입이 끊겼을 때를 대비한 통장

특정 기간 수입이 없을 때를 대비해 3개월간의 생활비를 모아놓는 통장이다. 수입이 없다는 건 휴가를 가거나, 아파서 일을 그만두거나, 내담자가 돈을 너무 늦게 내서 돈이 부족하거나, 직장을 잃는 경우를 일컫는다.

수입이 끊겨서 통장에 있는 돈을 사용했다면, 다시 수입이 생기자마자 잔고를 최대한 빨리 원상 복구해야 한다. 잔고를 채우는 게 다른 저축 목표보다 중요하다.

흥미로운 점은 나는 이 통장을 만들고 나서 한 번도 손을 대지 않았다. 예전에는 내담자가 상담료를 너무 늦게 보내 잔고가 위험해지면, 휴가 중이거나 아플 때도 돈을 메우기 위해 일을 해야 했다. 프리랜서이기에 일을 하지 않으면 일반 통장에 돈이 충분하지 않았기 때문이다. 그러나 수입이 끊겼을 때를 대비한 통장이 있어서, 무리하게 일을 하지 않아도 됐다. 나의 조언에 따라 수입이 끊겼을 때를 대비한 통장을 개설한 내담자들도 마찬가지였다. 죽기 전에 누군가의 귀에 속삭일지도 모른다. "사실, 아무도 모르는 통장이 하나 있어."

기부 통장

나는 의미 있는 일에 선한 목적으로 돈을 기부하는 게 좋다. 그런데 얼마를 기부해야 적절한지, 아예 기부하지 않는 편이 좋을지, 아니면 낼 수 있는 만큼보다 더 많이 내야 하는지 잘 모르겠을 때가 있다. 어쨌든 인색해 보이고 싶지 않았다. 그래서 얼마 동안은 기부 통장을 갖고 있었다. 기부할 수 있는 좋은 일을 발견했을 때마다 나머지를 보고 얼마를 기부할 수 있는지 가늠

돈의 감정

했다. 6개월 후, 이 기부 통장에 있는 돈을 어떻게 처리해야 할지 양가감정이 들었기 때문에 통장을 닫았다.

내 통장에 이름표를 붙여라

이쯤 되면 내가 통장에 구체적인 이름을 붙이는 걸 좋아하는 걸 알아차렸을지도 모른다. 일반 통장, 세금 통장, 투자 통장, 수입이 끊겼을 때를 대비한 통장 등 구체적인 이름을 붙임으로써 어떤 상황에서 어떤 통장에 있는 돈을 사용해야 할지 정확히 알 수 있다. 왜 이름을 붙이는 게 중요할까? 다음 예시를 살펴보자.

안드레아는 건강이 나빠져 1년 반 동안 일할 수 없었다. 병가를 냈으니 임금의 일부만을 받았다. 그는 앞으로도 경비를 계속해서 댈 수 있을지 걱정이 됐다.

나는 안드레아와 지출, 돈에 대한 태도, 미래에 이루고 싶은 소원에 관해 이야기를 나눴다. 두 번째 시간에 안드레아는 수입이 끊겼을 때 쓸 비상금을 마련하지 않은 걸 후회한다고 했다. 안정적인 직업을 가지고 있었고, 그렇게 아플 줄은 꿈에도 몰랐다고 말했다. 나는 안드레아에게 비상금을 전혀 모아놓지 않았냐고 물었다.

"아니요, 1년 반 동안의 월급을 모아둔 비상금 통장이 있어요. 하지만 그 돈을 쓸 수는 없어요. 비상사태가 아니니까요."

그때 나는 당신이 짓는 표정과 똑같은 표정으로 안드레아를 바라보았다.

안드레아는 비상사태에 대비해 1년 반 어치 연봉을 모아놓았지만, 아픈 건 비상사태가 아니었기에 이 돈을 써야 할 때가 아니라고 생각했다. 비상금 통장이라고 이름을 붙임으로써 심리적인 장벽을 만들었다. 왜냐하면 그 누구도 비상사태가 일어나는 걸 원치 않기 때문이다. 만약 지금 앓고 있는 병을 비상사태라고 여기면 갑자기 현실이 위협적으로 다가왔을 것이다. 단순히 아팠을 뿐이지 분명 비상사태는 아니었다.

안드레아에게 비상사태란 무엇인지 물었을 때, 안드레아는 뭐가 비상사태인지 모른다는 걸 인정해야 했다. 사람들이 비상금 통장이 있어야 한다고 이야기하길래 만들었을 뿐이다. 게다가 '비상사태'에 관해 생각하고 싶지 않았다.

그렇다면 우리는 어떻게 했을까? 비상금 통장을 닫고(물론 상징적으로만 닫았다), 모아둔 비상금을 '소득이 너무 적거나 없을 때', '지금 사는 집에서 더 이상 살 수가 없고, 새로운 일을 찾아야 할 때', 그리고 '노후 대비를 위한 투자'라는 명목에 할당했다.

그 이후로, 소득이 없거나 적은지, 아픈지, 육아 휴직을 하는지, 회사를 그만두고 이직을 준비하는지 그 이유는 중요하지 않았다. 비상 통장에 있는 돈은 바로 이런 상황을 대비한 것이다.

돈의 감정

홍수나 화재로 집을 잃거나 집에 곰팡이가 피었을 때, 이사하고 싶을 때, 가정을 꾸리고자 할 때, 다른 도시에서 일자리를 찾을 때도 그 돈을 사용할 수 있다. 모두 '지금 사는 집에서 더 이상 살 수 없을 때'에 해당하기 때문이다. 소득이 너무 적거나 지금 사는 집의 월세를 감당하지 못하는 건 안드레아가 가장 두려워 하는 일이었다. 이제 그런 일이 닥쳤을 때도 충분한 돈이 있다는 걸 알게 되었다.

빈센트는 6개 통장 모델을 성공적으로 따르고 있었고, 매우 만족했지만, '즐거움을 위한 통장'에 문제가 있었다. 그 통장에 들어 있는 돈은 순전히 즐거움을 위한 것이었다. 곧 볼 수 있듯이, 즐거움을 위해 돈을 쓰는 건 생각보다 어려운 과제이다.

어느 날 밤, 빈센트는 즐겁게 시간을 보내고 싶었다. 그리고 그 통장에 있는 57만 원을 가지고 카지노에 가서 재미있는 시간을 보내야겠다는 생각이 갑자기 머리를 강타했다. 정확히 말하면 57만 원을 가지고 카지노에 가서 그 돈을 다 써버릴 작정이었다.

말이 떨어지기 무섭게 빈센트는 생각을 행동으로 옮겼다. 아니 더 정확히 말하면, 즐겁게 시간을 보내려고 '시도했다'. 빈센트는 계속해서 이겼다. 어떤 게임을 하든, 어디에 베팅하든, 원금을 잃지 않았고 돈은 계속 불어났다.

"그런데 어느 순간 기분이 안 좋아졌어요. 그래서 그냥 집으로 갔죠. 그러니까 제 말은, 즐거워지려면 돈을 다 써버려야 하는데 돈이 불어나고 있더라고요. 그래서 그냥 택시 기사에게 후한 팁을 줬죠. 아마 인생 일대의 팁을 받았을 거예요."

그 돈은 즐거움 통장에서 나온 것이기 때문에 재미있게 쓰고 싶어 했다. 그러나 즐거움은커녕 감정 가계부에 -7로 표시되었다.

즐거움 통장이 있던 다른 내담자에게도 비슷한 일이 일어났다. 그 돈을 들고 특이한 미용실에 갔다.

"말도 안 되지만 재밌을 거라고 생각했어요." 그런데 생각했던 것보다 재미있지 않았다.

"미용실 직원은 야생 멧돼지 털로 만든 빗을 사라고 저를 설득했어요. 저는 채식주의자인데 말이에요."

적어도 두고두고 웃을 거리는 생겼다.

두 가지 사례를 볼 때, '즐거움을 위한 통장'이라고 이름을 붙이면 돈으로 즐거움을 살 수 있다는 기대감이 생긴다. 하지만 그 돈을 쓰면 즐거워지라고 장담할 수도, 즐거움을 돈으로 살 수도 없다. 영화관에 가서 영화를 보면 대체로 즐겁지만, 키가 큰 사람이 앞에 있어서 화면이 보이지 않거나 영화가 내 취향이 아니면 재미가 없다.

안드레아와 빈센트는 이 설명을 듣자마자 바로 이해했다. 비록 서로를 만난 적은 없었지만, 그 둘은 통장에 똑같은 이름을 붙였다. '경험을 위한 통장'

마음에 쏙 든다. 경험이란 실험처럼 열려 있는 것이다. 그 경험이 좋든 싫든 무언가를 경험한 후에야만 그 일을 다시 하고 싶은지 아닌지를 깨닫는다. 그리고 그 경험이 즐겁거나 흥미진진할 것이라고 기대하지 않는다. 생각보다 별로거나 단조롭거나 지루할지도 모르지만 어쨌든 좋은 경험을 한 셈이다. 그래서 경험을 위해 돈을 쓰는 건 즐거움을 얻기 위해 돈을 쓰는 것보다 훨씬 더 긍정적으로 느껴진다.

돈을 통장에 나눠 보관하든, 서랍에 넣어 보관하든, 봉투에 넣어 보관하든, 무슨 이름을 붙이면 좋을지 생각한 후 적절한 이름을 붙여보자.

돈의 쓰임새를 완벽하게 설명하는^{세금 통장, 수입이 없을 때를 대비한 통장} 이름을 붙이거나 기대를 걸 수 없는 이름^{경험, 체험, 실험 등}을 붙이는 게 좋다.

예산 세우기

3~5개 항목 설정하기

예산을 세우는 건 돈으로 할 수 있는 중요한 실험 중 하나다. 실험 조건을 설정하듯이, 몇 달, 몇 주, 또는 심지어 몇 달에 걸쳐 예산을 세워보고 자신에 맞는 수준으로 맞춰나가야 한다.

예산을 세우는 것은 곧 특정 항목에 자금을 할당하는 것을 의미한다. 소득에서 몇 퍼센트를 정해서 우리가 버는 소득의 몇십 원까지 특정 항목에 할당할 수 있다. 생각나는 적당한 이름이 없는 경우에는 아이템별로 나눠 예산을 할당할 수 있다.

어느 항목에 몇 퍼센트를 할당할 건지 정했다면, 이미 훌륭한 첫걸음을 내디뎠다. 이제 단돈 10원도 어디에 쓰이는지 알 수 있기 때문이다. 인터넷에 예산 편성 양식이 많으니, 원한다면 양식에 적어볼 수도 있다. 그러나 내 수입은 매달 변하고, 얼마를 지출할지 가늠하기가 어려우므로 양식이 너무 자세하면 시간이 많이 소요된다. 그래서 나는 대부분 사람이 쉽게 사용할 수 있으면서도 좋은 결과를 얻을 수 있게 단순한 양식을 만들어 사용한다.

몇 주 동안 감정 가계부를 썼다면, 이제 지출과 수입을 한눈에 살펴보는 게 필요하다. 예산을 세울 때 필요한 기본 원칙은 다음과 같다. '수입-고정 비용 = 예산을 세워야 할 금액'

수입에서 고정 비용을 제한 후, 항목별로 예산을 할당한다. 너무 세세하게 적으면 다음 단계로 넘어가기가 힘드니 주의해야 한다. 내담자 중 한 명은 처음에 20개가 넘는 항목을 나열했고, 몇몇 항목에는 1,000원이나 5,000원을 할당했다. 처음부터 너무 복잡하게 예산을 세운 것이다. 3~5개의 항목만 설정하는 게 가장 좋다. 예를 들면, 다음과 같이 나눠볼 수 있다.

- 식품과 음료수
- 생활용품과 화장품
- 여가
- 투자
- 예상치 못한 지출에 대한 준비금

그런 다음 이 범주에 속하는 품목을 정확하게 적으면 된다. 미용실에서 머리를 하는 건 '생활용품과 화장품'에 해당하는가 아니면 '여가', 또는 '투자'에 속하는가? 외식은 '식품'인가 '여가'인가? 선물은 '여가'인가 '투자'인가? 지출을 살펴보고 범주를 나눠보면, 지출이 전혀 생각하지 못했던 범주에 해당할 수도 있다.

일단 다음 달의 예산을 세우면서, 개별 항목에 할당한 예산을 4주로 나눠 일주일의 예산을 알아보자. 그리고 그 예산 안에서 지출해 보자.

처음에는 유연하게 따라 해보자

티나는 부자였다. 재산이 충분히 있는데도 항상 돈이 부족할까 두려웠다. 예산을 정하는 게 이런 두려움을 극복하는 데 도움이 되었다. 돈이 항상 충분하다는 걸 알 수 있었기 때문이다. 매주 초, 한 주의 예산을 ATM기에서 인출한 후, 어린 딸과 함께 각각 다른 이름이 붙은 봉투에 나누어 넣으며 똑똑하게 자녀의 경제교육을 실천했다. 슈퍼마켓에 장을 보러 가면, 해당하는 봉투에서 돈을 꺼내 계산한 후 거스름돈은 다시 봉투에 넣었다. 예를 들어, 장을 보고 돌아오는 길에 꽃을 산 건 '여가'에 해당한다. 그래서 '여가' 봉투에서 돈을 빼서 꽃을 산 후, 장을 본 후 비어있는 '식품' 봉투에 넣었다.

봉투가 비어있다면 남은 일주일간은 그 봉투에 해당하는 항목에 돈을 쓸 수 없다. 일반적으로 식료품의 경우는 봉투가 비

돈의 감정

어있기가 어렵다. 2주마다 한꺼번에 장을 본 후, 사이사이에 신선한 식자재를 사는 사람을 제외하면 말이다. 그렇게 장을 한꺼번에 많이 보는 사람이라면 장을 보는 주기에 맞추어 예산을 조절해야 할 것이다. 한편 동료의 퇴사 축하 파티가 있는 주에 오랜 대학 친구와 식사 약속이 잡혀 있고, 어머니의 생일까지 겹쳤다면 '여가와 선물'의 1주일 치 예산을 초과할 수도 있다. 하지만 그 이후로 3주간은 여가와 선물에 지출하지 않게 계획을 세울 수 있다.

그러므로 시작할 때는 유연하게 접근하는 게 좋다. 처음부터 나에게 딱 맞는 예산이 얼마인지 알기는 힘들지만, 점진적으로 조정할 수 있다. 첫 달을 마친 후 개별 항목의 예산을 어떻게 사용했는지 확인하고 조정할 수 있다. 생각보다 어느 항목에 돈이 더 많이 들어갔는가? 어떤 항목의 돈을 어디로 옮길 수 있을까?

생각보다 더 많이 돈이 들어간 항목은 무엇이었는가? 어떤 항목의 금액을 다른 항목으로 옮길 수 있을까?

다른 항목이나 다음 달의 예산을 끌어다 쓰는 경우, 끌어다 쓴 만큼을 채워 놓는 게 중요하다. 그리고 더 중요한 것은 호기심을 가지고 예산 세우는 걸 즐기는 것이다!

생각이 현실이 되는 상상 실험

원하는 것을 상상하라

지금까지 돈을 가지고 할 수 있는 여러 중요한 실험을 살펴보았다. 그리고 이번 장의 초반부에 언급했던 '생각한 대로 되는 상상 실험'을 소개할 차례가 됐다.

나는 3번이나 이 실험을 했는데, 할 때마다 전혀 다른 결과를 얻었다. 이 장에서는 그 실험에서 무슨 일이 있었는지 독자들에게 이야기해 주고 싶다.

이 실험을 처음 해본 건 내가 회원으로 있는 코치 포럼에서였다. 포럼에 참가한 사람 중 한 사람은 다음 연습을 통해 돈과의 관계에 즐거움을 더할 수 있다고 말했다.

- 평상시의 수입을 제외하고, 특정 날짜에 추가로 수입을 올려 즐거운 일에 쓴다고 상상해보세요. 예를 들면, 다음 주

돈의 감정

말까지 35만 원을 더 벌어서, 주말에 런던에 가는 상상을 해보세요. 그리고 목표를 달성했을 때의 얼마나 행복할지 잠시 느껴보세요.

이 연습에서 중요한 점은 '평상시의 수입이 아닌, 특정 날짜에 추가로 올린 수입'을 떠올리는 것이다. 솔직하게 말해서, 특정 날짜에 추가로 수입을 올린다는 게 가능하긴 할까?

코칭 동료들과 나는 어이가 없었다. 애초부터 말도 안 되는 일이었기에 속는 셈 치고 연습을 시작했다. 즉, 안전지대에서 벗어난 것이다.

그때 당시 12월 초라서 나는 12월 말까지 130만 원을 더 벌어 내년 3월 말에 주말 요가 워크숍을 가는 상상을 했다.

5초도 지나지 않아 이런 생각이 떠올랐다. '에이, 그래도 130만 원은 좀 과해. 130만 원이면 요가 워크숍 말고 다른 일도 할 수 있을 것 같은데… 어디 보자. 요가 수업에는 16만 원이 든다. 호텔은 얼만지 잘 모르겠다… 그냥 130만 원 대신 80만 원이라고 할까? 12월 중순부터는 크리스마스와 연말을 앞둬서 일이 없을 텐데, 돈은 어디서 나오지?'

12월 말, 예상했던 것보다 16만 원을 더 벌었지만, 그게 다였다. 무슨 말을 할 수 있으랴. 이 연습이 말도 안 되는 걸 확인했을 뿐이다!

밑져야 본전이다

　몇 달 후, 엄청난 세금을 세무서에 내야 한다는 걸 알게 되었다. 애초에 세금이 정확히 얼마인지 몰랐기 때문에 그 세금을 낼 수 있는 돈이 있는지도 몰랐다. 순간 당황했지만, 마음을 추스른 후 이 실험을 다시 떠올렸다. '그래, 한번 시도해 보자. 잘못되더라도 손해 볼 건 없잖아? 밑져야 본전이지.'

　3월 초, 실험을 시작했다. '5월 말까지 1,300만 원을 더 벌면 좋겠다. 1,300만 원을 더 벌어서 CMA 통장에 넣어 놓으면 세금을 확실히 낼 수 있을 거야.'라고 소원을 빌었다. 만약 통장에 1,300만 원이 더 있다면, 일상이 훨씬 즐겁고 여유로울 수 있다.

　사실 1,300만 원은 터무니없는 금액이었다. 그냥 웃음만 나왔다. 실제로 그만큼 버는 건 불가능했다. 4개월 월급에 해당하는 돈을 2개월 반 만에 추가로 번다는 건 말도 안 됐다. 하지만 너무 어처구니가 없는 소원이었기 때문에, 무슨 일이 일어날지 호기심을 가지고 지켜보는 건 어려운 일이 아니었다. 또, 일상에서 이런 금액을 다루는 데 익숙하지 않았기에 그 돈을 벌지 못해도 아쉬울 게 없었다. 어떻게 그 소원을 이룰 건지 구체적인 아이디어도 없었다. 그저 일반적인 사고를 벗어나 있었기 때문에, 얼마나 모순되는 이야기인지 알지 못했다.

　다음 날, 건강 보험 회사가 68만 원을 입금했다. 실수로 입금했나 싶을 정도로, 내 돈인지 몰랐다. 원래 일을 하기로 하던 번

298　　　　　　　　　　　　　　　　　　　　　　　돈의 감정

역가가 아파서 그런데 계약서를 급하게 번역해 줄 수 있냐고 스위스에 사는 지인으로부터 연락이 왔다. 한 번도 같이 일해본 적이 없는 동료가 글을 두 개 써줄 수 있냐고 부탁했다. 또, 한 내담자는 시간 관리 코칭 2회를 예약하고 싶다고 연락이 왔다. 시간 관리 코칭을 한다고 홈페이지에 써놓지도 않았는데 말이다.

실험이 시작된 지 6주가 지난 4월 중순, 나의 통장에는 930만 원이 더 들어와 있었다. '멋져, 이 정도만 돼도 성공이지.'라고 생각했다.

그런데 들어올 돈이 더 있었다. 번역가는 번역한 책의 인세를 받을 권리가 있다. 책의 권수가 아주 많지는 않더라도 30권이 넘는 책을 번역했기 때문에, 모든 책의 인세를 합치면, 운이 좋으면 몇십만 원을 더 받을 수 있을지도 몰랐다.

두려움을 극복하니 행운이 찾아왔다

지금까지 나는 출판사에 언제 인세를 받을 수 있을지 물어볼 용기조차 없었다. 하지만 4월 말, 이 책을 쓰려고 준비하다 문득 이런 생각이 들었다. '돈과 좋은 관계를 지탱하는 여섯 가지 태도가 무엇인지 세상에 진정으로 알리고 싶으면, 글을 쓰는 것만으로는 부족해. 직접 행동으로 실천해야 해.' 돈과의 관계를 치유하고 싶다면 우리가 여태까지 살펴본 내용을 모두 적용해야 했다.

- 나 자신과 일을 존중하는 모습을 보여주어야 한다.
- '이제 같이 일하자고 하지 않을걸!', '고작 몇천 원을 벌자고 그런 일을 해?', '이제 어떤 출판사도 번역을 의뢰하지 않을 거야.' 같은 다른 사람의 충고, 조언, 평가, 판단에 휘둘리지 않고 무엇이 옳은지 생각해 보고 내 생각에 귀 기울여야 한다.
- 나 자신, 일 그리고 돈에 대한 사랑을 지켜야 한다.
- 씀씀이에 주의를 기울이고 돈에 응당한 관심을 주어야 한다. 특히 사업 통장에 더 관심을 가져야 한다.
- 나 자신과 나를 고용한 사람, 돈과 가까워져야 하고, 문제가 있다면 얼굴을 맞대고 문제를 해결해야 한다.

이 실험이 어떤 결과를 가져올지 궁금했다. 어쨌든 약간의 수입을 올릴 수 있을 거라 생각했다. 그래서 벌벌 떨면서 출판사에 가서, 담당자와 인세에 관한 이야기를 나눴다. 담당자는 망설이는 기색 없이 2주 안에 내가 부탁한 대로 정산해 주겠다고 말했다. 괜히 벌벌 떨었다.

앞서 말했듯이, 인세를 미리 계산해보았고 수십만 원 정도가 되지 않을까 예상했다. 100만 원이 넘는다면 샴페인을 딸 작정이었다.

정산 메일이 왔다, 첨부된 PDF 파일을 열어 보고 창을 껐다.

　　　　　　　　　　　　　돈의 감정

PDF 파일을 다시 열었다. 숫자는 변함이 없었다.

967만 원.

내면의 장벽을 없애고 두려움을 극복하니, 이 금액이 내 통장에 들어와 있었다. 용기를 낼 만한 가치가 있었다. 2개월 반 만에 1,300만 원을 추가로 벌고자 했던 실험은 5월 29일에 끝났고, 결국 1,900만 원을 벌었다. 너무나 만족스러운 결과였다.

왜 두 번째 실험은 성공했을까? 왜 첫 번째 실험은 효과가 없었을까? 정확하게 설명할 수는 없지만, 처음에는 의구심을 품었던 것 같다. '너무 많은 걸 바라는 건 아닐까?'라고 나 자신에게 되물었다.

두 번째는 달랐다. 내가 원했던 금액이 너무 어처구니없어 반론의 여지조차 없다고 생각했다. 목표를 세웠기에 그 돈을 벌 수 있었을까? 잘 모르겠다. 어쨌든 확실한 건, 실험이 없었다면 그 돈을 번다는 생각조차 하지 못했을 것이다. 아마 일반 통장으로 돈을 받아 바로 써버렸을지도 모른다. 언젠가 인세를 받았다고 할지라도 실험이 없었으면 내가 먼저 나서지 않고, 출판사가 먼저 다가와 주길 기다렸을 것이다.

말과 글로 설명하기 어려운 힘이 있어서 그랬는지, 아니면 평상시보다 더 세세한 주의를 기울여서 그랬는지 이유를 정확히 설명하기는 어렵지만, 어쨌거나 이유는 별로 중요하지 않다. 이 실험을 통해 호기심과 주의력을 높이고 우리 주변에 일어나고 있는 일에 눈을 뜨는 것이다.

세 번째 실험에 관한 이야기를 덧붙이고자 한다.

2주간 일을 멈추고 휴가를 가고, 새로운 옷장을 살 900만 원이 있었으면 좋겠다고 생각했다. 사실 프리랜서로 15년 넘게 일을 하면서 2주간의 휴가조차 가본 적이 없다. 이번에는 저번과는 다르게 예상치 못하게 돈을 번 게 아니라 모아둔 돈을 세금으로 내지 않아도 된다는 메시지를 받았다. 세무서는 내가 생각했던 금액의 절반만 청구했다. 그래서 세금을 내고 돈이 얼마나 남았냐고? 정확히 890만 원이 남았다.

이제 '생각한 대로 되는 실험'을 시도해 볼 마음이 생겼다면, 다음 지침을 따르면 된다. 모든 걸 내려놓고, 어떻게 생각하지 못한 수입을 올릴 수 있을지, 운좋게 돈이 굳는 일이 생기지 않을지 생각해 보자.

돈의 감정

몇 가지 팁을 주자면 일단 그 돈은 자신이 원하는 일에 써야 한다. 자동차가 고장 나거나, 딸에게 새 바지를 사줘야 하는 일이 생기더라도 그 돈을 다른 일에 쓰면 안 된다. 나 자신 또는 연인에게 약속을 지키는 일처럼, 돈과의 약속도 지켜야 한다. 이제 자동차 수리비나 바지를 사는 데 필요한 돈을 모으는 방법을 알았으니 더더욱 그렇다.

마지막 예시에서 보았듯이, 내가 항상 그 자리에 머물러 있으면 돈이 여러 가지 방법으로 흘러들어올 수 있다.

좋은 감정과 느낌에 집중하라

　마지막으로, 이 실험은 돈에만 국한되어 있지 않다. 경험에서 우러나온 팁이다. 남자친구가 있었으면 했던 친구와 함께 이 실험을 해보았다. 친구는 함께하면 어떤 느낌이 드는 남자를 만나고 싶은지를 집중적으로 떠올렸다. 두 달 후, 여동생과 여동생의 친한 친구는 이 친구에게 소개팅을 주선해 주었다. 놀랍게도, 친구는 소개팅남과 함께 집을 지었고, 올해 결혼할 예정이다.

　집을 구하는 데도 이 실험을 적용해 보았다. 전남편은 염불을 외운다고 뭐가 되냐고 콧방귀를 뀌었지만, 이혼한 후 1년 반 동안 마음에 드는 집을 찾지 못했기에 지푸라기라도 잡는 심정으로 이 실험을 했다. 어떤 느낌이 드는 아파트에서 살고 싶은지에 초점을 맞추었다. 당시에 일요일이었던 걸로 기억한다. 실험을 끝마치고 전남편은 "글쎄, 하룻밤 사이에 네가 함부르크 주택 시장에 어떤 '혁명'을 일으킬 수 있을지 한번 지켜보겠어."라고 말하며 자리를 떴다.

　놀랍게도 화요일에 전남편은 자신이 찾고 있는 조건과 전혀 다른 조건의 사무실 임대 광고를 보았다. 그는 아파트를 찾고 있었지만 도저히 궁금해 참을 수 없어서 사무실을 직접 보러 갔다. 주방과 욕실, 방 1개가 있는 상가 건물이었다. 금요일에 그는 계약서에 서명했고, 집주인은 주방도 리모델링해 준다고 했다. 전남편은 주택 시장에 '혁명'을 불러일으키는 내 능력에 대해 소름 끼친다고 말했다.

이 실험의 장점은 정확히 내가 어떤 감정을 느끼고 싶은지 생각하게 만드는 것이다. 문제에 관한 생각을 멈추고, 감정과 느낌에 초점을 맞출 수 있게 한다. 중요한 건 '어떻게 돈을 벌 수 있을까?'가 아닌, '원하는 걸 얻으면 어떤 감정이 들까? 어떻게 해야 그 감정을 느낄 수 있을까?'이다. 'SUV를 몰고 자가를 보유한, 키가 큰 검정 머리의 수의사나 건축가여야 해.'가 아닌, '그 남자를 보면 어떤 감정이 들까? 함께 이야기할 때 무슨 느낌이 들까? 그를 만지는 기분은 어떨까?'를 생각해 보아야 한다.

이사 갈 아파트를 찾을 때도 '방 2개, 부엌, 욕실, 벽난로'가 있는 집을 찾지 말고 그 집에 살면 어떨지, 어떤 느낌이 들지에 초점을 두자. 친구들이 집에 놀러 왔을 때 느끼는 기쁨, 요리할 때 느끼는 고요함, 책을 들었을 때의 편안함, 일할 때 집중이 잘 되는 분위기가 어떨지 상상해 보자.

편한 사람과 마음이 편해지는 곳에 있을 때 느껴지는 감정을 기를 모으듯이 모아서 내면에 간직하고 있다가 결정을 내려야 할 때 도와주는 나침반으로 사용해 보자. 이러한 결정을 내리면 내가 원하는 느낌에 가까워질까, 아니면 더 멀어질까 생각해 보고, 그 느낌에서 멀어진다면 그 결정은 나에게 맞지 않는 것이다. 하지만 내가 원하는 느낌에 가깝다면 실행해도 좋다.

돈에 대한 좋은 감정을 평생 갖고 살기를

'이제는 정말 돈을 현명하게 써야 하는데.'

'지금 내 통장에 무슨 일이 일어나고 있는 거지?'

'내가 원하는 삶을 살기 위해서는 얼마가 필요할까?'

'돈'을 생각해 보라. 사람들은 돈을 좋아하면서도 대놓고 돈을 좋아한다고 말하는 사람들을 보면 눈살을 찌푸린다. 돈을 까다롭고 골치 아픈 존재로 여기기 때문이다.

나는 대학교에서 경영학을 전공하고, 2010년부터 머니 코치로 일해오며, 돈을 많게도, 적게도 벌어본 경험을 살려 백만장자, 아르바이트생, 프리랜서, 회사원, 가족을 대상으로 머니 코칭을 해왔다. 그동안 귀에 못이 박일 정도로 "전 돈 관리를 잘 못 하겠어요."라는 말을 들었지만, 돈 관리는 절대 어렵지 않다고 자신한다.

306   돈의 감정

돈을 다루는 방법은 자신의 가치에 대한 믿음과 관계의 질을 반영한다. 따라서 관계 패턴을 인식하고 재구성하는 게 중요하다. 돈을 나 자신이나 사랑하는 이를 대하듯 존중하고, 공감하고, 세심하게 대한다면, 돈 관리의 즐거움을 계발할 수 있으며 모든 관계에서 부자가 될 수 있다.

돈은 비상 상황에서 의리를 저버리지 않고, 멋진 계획을 실현하게 해주는, 미래의 충실한 동행자다. 돈이 나쁜 게 아니라 돈과 올바른 관계를 구축하는 게 중요할 뿐이다. 연인, 친구, 나 자신, 심지어 돈과의 관계까지 좋은 관계의 기초는 항상 같다.

이 책은 '돈의 감정'을 주제로 처음 강연을 한 후부터 떠오른 아이디어를 집약시켜 놓은 결과물이다. 책을 쓰면서 돈과의 관계를 개선했던 시간과 나를 믿어주고 응원해 준 모든 사람이 떠올랐다. 정말 멋지고 가슴이 벅차오르는 경험이었다.

많은 독자가 이 책을 통해 돈에 대한 감사함을 자신 있게 표현하고, 책에 나오는 감정 가계부를 직접 써보며 자신과의 관계를 돌아볼 기회를 가졌으면 좋겠다. 이를 통해 돈과 성공적인 관계를 맺어 인생에 원하는 것을 꼭 이룰 수 있길 바란다.

우리는 지금까지 인생에서 얼마나 많은 걸 이뤘는지 잊을 때가 많다. 그리고 지금까지 도달한 이정표를 제대로 축하하지 않고 대충 넘어가는 경우도 많다. 때로 그런 이정표는 도로 가장자리에 있는 자갈처럼 잘 보이지 않는다. 주의를 기울이지 않으면 못 보고 지나칠 수도 있다. 바로 이런 조그만 자갈들이 모여 길을 만든다. 무언가를 바꾸고 싶을 때, 정보를 얻기 위해 처음으로 인터넷 검색창에 키보드를 두드려볼 때, 자기 계발서를 탐독할 때, 새로운 아이디어를 시도해 볼 때 등 상황을 바꿀 수 있는 모든 순간을 인생의 이정표로 맞이하자. 그리고 앞으로 이런 이정표를 마주했을 때, 그 순간을 잊지 않고 꼭 축하해 보자. 이런 기분 좋은 감정이 당신을 평생 행복한 부자로 만들어 줄 것이다.

•감사의 글•

먼저 돈과 건강한 관계를 유지하는 데 도움을 주신 분들께 감사의 말씀을 전합니다. 물론 그중 가장 큰 도움을 준 분은 메도우 데보어 코치님으로, 제 여정을 이끌어주었을 뿐만 아니라 머니 코치로서 돈을 관리하는 법을 세상에 알리신 분입니다. 계속 제 곁에 있어 주셔서 고맙습니다.

부룩 카스틸로Brooke Castillo, 마사 벡Martha Beck, 바이런 케이티Byron Katie, 조 디스펜자 박사Dr. Joe Dispenza, 코엘 심슨Koelle Simpson, 데이비드 크루거David Kruger, 데이브 램지Dave Ramsey, 마이클 A. 싱어Michael A. Singer, 말콤 글래드웰Malcolm Gladwell의 워크숍과 코스, 책을 통해 생각의 폭을 넓히고 지식을 심화하였으며 많은 걸 배울 수 있었습니다.

언니 니콜 비어크홀저Nicole Birkholzer에 따듯한 포옹을 보냅니다. 워크숍에서 큰 도움을 받았을 뿐만 아니라 내가 느끼는 감정을 믿고 실수를 저지르지 않는 법을 배웠습니다. 또, 언니는 조건 없는 사랑이 무엇인지 보여줬습니다.

또한 베를린 ALIVE 콘퍼런스에 초대해준 야나 헨드릭슨^{Jana Hendrickson}에게 감사의 말씀을 전합니다. ALIVE 콘퍼런스에서 돈이라는 주제로 워크숍을 열었는데, 그 워크숍이 『돈의 감정』의 출발점이 되었습니다.

나를 믿어주고 돈에 얽힌 인생의 다양한 고민을 가감 없이 얘기해 준 내담자들이 없었다면, 코칭 사무소도, 『돈의 감정』도 이 자리에 없었을 겁니다. 매일 최선을 다하도록 영감을 주고 격려해주신 많은 분들께 진심으로 감사드립니다. 정말 모두 대단하신 분들이십니다!

책을 출판하려면 책을 쓰는 것만으로는 부족합니다. 작가에게는 책의 여정을 함께 해 줄 파트너가 필요합니다. 정말 멋진 에이전트인 클라우디아 우트케^{Claudia Wuttke}를 친구로 둔 저는 복이 참 많네요. 클라우디아는 저와 이 책이 필요한 게 무엇인지 정확히 알았고, 새로운 길을 열어주었습니다. 클라우디아에게 감사의 인사를 전합니다. 이 책의 잠재력을 꿰뚫어 본 마레이케 노이캄^{Mareike Neukam} 편집자와 원고를 멋지게 다듬어준 베아테 드 살베^{Beate De Salve} 편집자, 정말 감사합니다. 이 책이 세상에 나오게 되어 참 기쁩니다.

글을 쓰는 중간 중간 머리를 식힐 수 있게 해주면서 책 출판에 필요한 모든 걸 신경 써준 뤼베 라이프Lübbe Life출판사와 모어 북스 에이전시Mohrbooks에 감사의 인사를 드립니다.

마지막으로 여기까지 책을 읽어주신 독자 여러분께 진심 어린 감사의 말씀을 전합니다.

옮긴이 **조율리**

한국외국어대학교에서 국제통상학·스페인어를 전공하고 동 대학 통번역대학원에서 한서과에 재학 중 장학생으로 선발돼 독일 하이델베르크대학교 석사 과정을 졸업했다. 캐나다 킹스턴대학교에서 영어 연수를 마친 뒤 멕시코와 칠레 생활을 거쳐 주한멕시코 대사관에서 통번역사로 근무했으며 현재 글로하나 출판번역 에이전시에서 독일어, 영어, 스페인어 번역가로 활동하고 있다. 독일에 거주하면서 최근에 심리학 학사를 졸업하고 요가, 명상, 코칭 등 심리에 관련된 과정을 다수 수료했다.

역서로는 『돈의 감정』 『스토아 수업』 『너무 과한데 만족을 모르는』(공역)이 있다.

최상위 부자가 돈을 대하는 6가지 태도

돈의 감정

초판 1쇄 인쇄 2021년 4월 23일
초판 3쇄 발행 2022년 3월 30일

지은이 이보네 젠
옮긴이 조율리
펴낸이 김선식

경영총괄 김은영
책임편집 박현미 **디자인** 마가림 **책임마케터** 김지우
콘텐츠사업5팀장 박현미 **콘텐츠사업5팀** 차혜린, 마가림, 김현아, 이영진
마케팅본부장 권장규 **마케팅2팀** 이고은, 김지우
미디어홍보본부장 정명찬 **홍보팀** 안지혜, 김민정, 이소영, 김은지, 박재연, 오수미, 이예주
뉴미디어팀 허지호, 임유나, 송희진, 홍수경
저작권팀 한승빈, 김재원, 이슬 **편집관리팀** 조세현, 백설희
경영관리본부 하미선, 박상민, 윤이경, 김재경, 안혜선, 오지영, 김소영, 김진경, 최완규, 이지우, 이우철, 김혜진
외부스태프 교정교열 포링고 본문 디자인·조판·표 이은희 그래프 노경녀

펴낸곳 다산북스 **출판등록** 2005년 12월 23일 제313-2005-00277호
주소 경기도 파주시 회동길 490 다산북스 파주사옥
전화 02-704-1724 **팩스** 02-703-2219 **이메일** dasanbooks@dasanbooks.com
홈페이지 www.dasan.group **블로그** blog.naver.com/dasan_books
용지 IPP **인쇄** 민언프린텍 **후가공** 제이오엘앤피 **제본** 정문바인텍

ISBN 979-11-306-3735-8(13300)

다산북스(DASANBOOKS)는 독자 여러분의 책에 관한 아이디어와 원고 투고를 기쁜 마음으로 기다리고 있습니다. 책 출간을 원하는 아이디어가 있으신 분은 다산북스 홈페이지 '투고원고'란으로 간단한 개요와 취지, 연락처 등을 보내주세요. 머뭇거리지 말고 문을 두드리세요.